ИСКУССТВО ЖИТЬ

ЕЛЕНА КОЛИНА

Личное дело
Кати К.

санкт-петербург
АМФОРА
2007

УДК 316.6
ББК 88.5
    К 60

*Защиту интеллектуальной собственности
и прав издательской группы «Амфора»
осуществляет юридическая компания
«Усков и Партнеры»*

Колина, Е.

К 60   Личное дело Кати К. / Елена Колина. — СПб. : Амфора.
ТИД Амфора, 2007. — 300 с.

ISBN 978-5-367-00326-0

Любой человек способен стать супермастером любви и общения. Для этого надо всего лишь пройти увлекательный и эффективный тренинг Елены Колиной. Избегая пространных описаний, присущих многим популярным книгам по психологии, автор представляет подробный психологический анализ семейной любовной истории и формулирует конкретные правила, которые каждый сможет применить в жизни, приложив к своей личной ситуации.

**УДК 316.6
ББК 88.5**

ISBN 978-5-367-00326-0

Суббота

Экзистенциальный кризис в семье

Если у человека экзистенциальный кризис, или кризис среднего возраста, или творческий кризис, или же он является трудным подростком, то ему ни в коем случае нельзя заклеивать окна...

Нет, не так...

Если человек вышел замуж в беспомощном состоянии и в марлевой повязке, то еще неизвестно, что ждет его в этом браке.

...Опять не так... Если человек вышел замуж за главного врача больницы, где с 20.08.05 по 27.08.05 находился на лечении с диагнозом «неврит лицевого нерва»... — вот теперь все правильно.

Что может быть прекрасней, чем пара «пациентка и врач»?.. Врач-невропатолог.

Кстати, по поводу диагноза — с диагнозом я не согласна. Считаю, это типичный случай гипердиагностики: у меня было вовсе не поражение периферических нервов, а обычная простуда. Просто левая половина рта не улыбалась, левый глаз не моргал, левая бровь не поднималась, в общем, вся левая половина лица полностью замерла. И это, конечно, мешало мне смеяться и полноценно выражать другие эмоции. Но мой человеческий организм устроен таким образом, что если что-то одно отказывает, то другое начинает работать с удвоенной силой. Поэтому, когда 21.08.05 около одиннадцати утра я увидела, что в палату в сопровождении свиты врачей входит невысокий человек со строгим лицом, я нисколько не растерялась и, как могла, выразила ему свою приязнь действующей половиной лица: улыбнулась правой половиной рта, приподняла правую бровь и изо всех сил моргнула правым глазом.

— Что это она у вас так гримасничает? — брюзгливо спросил моего лечащего врача человек со строгим лицом. По его начальственному тону я догадалась, что это главный врач, и несколько раз моргнула, желая показать, что у меня все хорошо и получаемым лечением я довольна. И еще, привстав, приветственно помахала правой рукой из-под одеяла.

Главврач без видимого интереса немного почитал мою историю болезни. Там было написано: «Екатерина К., неврит лицевого нерва, клиническая картина, назначения...», и все это вместо того, чтобы написать правду: «Катя К. открыла в машине все окна на скорости 120 км в час, думала, что в жару сквозняк не страшен, оказалось, нет».

— Не расстраивайтесь так, — с дежурным сочувствием сказал мне главврач, — будем надеяться, что со временем у вас все восстановится.

— А я и не расстраиваюсь, — ответила я. — У Луи Пастера, например, работало только одно полушарие мозга, и ничего, изобрел пастеризацию всего одним полушарием... Знаете Луи Пастера?

Главврач удивился и дополнительно проверил мои рефлексы. Он все стучал и стучал по мне черным резиновым молоточком, и я тоже удивлялась — зачем, видно же, что я совершенно нормальная, просто много знаю. Так началась Димина любовь ко мне. Любовь всегда начинается с удивления.

Наши с Димой любовные отношения развивались как классические отношения «врач–пациентка», то есть были основаны на моем восхищении и полной зависимости от его назначений. И еще на благодарности за то, что он поверил в меня и разрешил размотать повязку на два дня раньше, а затем наблюдал меня амбулаторно, то есть у меня дома: витамины группы В, дибазол 0,05 подкожно 1 мл, а также лечебная гимнастика и массаж.

И в связи со всем этим у меня даже развился некоторый комплекс неполноценности — вроде он Гудвин, великий и ужасный, а я так, ерунда, пациент с перекошенной улыбкой.

Но теперь мы больше не врач и пациент, а муж и жена. Оказалось, что я не ерунда, а наоборот — в нашем доме все на мне: любовь, здоровое питание и психологический климат.

Хочу сразу же признаться — я вышла замуж по расчету. Ведь это мое личное дело, как выходить замуж, по расчету или по другим причинам. Мой расчет такой — я собиралась жить счастливо. Кроме того, всегда хорошо иметь дома невропатолога. Вот это мой расчет, а что, неправильно?

Подозреваю, что Дима тоже женился на мне по расчету — чтобы иметь у себя дома своего личного пациента, беззащитного перед его назначениями.

Все было хорошо, и мы были очень счастливы. Я понимала, что все это устроила я, особенно здоровое питание, и мой комплекс неполноценности уже потихоньку начал переходить в манию величия, но вот тут-то обнаружились некоторые сложности.

Пожаловаться на эти некоторые сложности мне некому — все мои подруги как одна скажут: «А я тебя предупреждала, что будет очень трудно...» Они ничуть не злорадные, просто человеческая природа такова — каждому в душе приятно сознавать, что он прав, а я дура.

Мои подруги скажут: «Вы с Димой такие разные...» Это правда, мы разные: Дима — невысокий, черноглазый-чернобровый с чуть седоватыми волосами, спортивный, а я тоже невысокая, неопределенно светлого цвета, довольно далека от спорта. Зато у меня есть лишние килограммы, а у Димы нет.

Мои подруги скажут, что у нас с Димой разные интересы. И это действительно так: он все свободное время

Если человек вышел замуж в беспомощном состоянии
и в марлевой повязке, то еще неизвестно, что ждет его
в этом браке... Я вышла замуж за невропатолога, и это
был брак по расчету — я хотела быть счастливой, а кроме
того, мечтала о постоянном врачебном присмотре.
Вот это мой расчет, а что, неправильно?..

играет в теннис, а я люблю валяться — валяться на траве и смотреть, как плывут облака, или валяться на диване у окна и смотреть, как идет снег.

Еще они скажут, что у нас с Димой очень разные характеры, и это тоже правда. Я больше всего на свете люблю неожиданные радости, а за те месяцы, что мы живем вместе, он еще ни разу не пришел домой и не предложил: давай поедем на выходные в Париж или на дачу!

Что-то еще... Ах да, самое главное! Конечно же, мои подруги скажут: что хорошего можно ждать от этого брака, когда у каждого свой ребенок!

Да, свой, а что?.. У меня свой Котик, чудный, очень тихий ребенок шести лет, а у Димы шестнадцатилетняя девица Киса. Очевидно, существуют какие-то необыкновенно щедрые душевно женщины, способные полюбить чужого подростка с первого взгляда, но это не я. Что же касается нашей Кисы, то... есть люди, которых легко любить, и это НЕ Киса.

Котик похож на сонного медвежонка, а Киса похожа на модель или на девушку «Космо». У Котика и Кисы тоже разные характеры и разные вкусы, особенно насчет меня.

Воскресенье

Очень холодно

На завтрак гренки с сыром, булочки с шоколадным маслом и яичница, а также овсяная каша на воде без соли и масла. Дима, Киса и Котик не будут есть овсяную кашу на воде без соли и масла, но она обязательно должна быть на столе — нам без этого нельзя, потому что я — консультант по здоровому питанию. Автор бестселлеров «Здоровое питание для ленивых» и «Здоровое питание для хитрых». Жуткие тиражи, честное слово, больше, чем даже у детективов! Так что овсяная каша на воде без соли и масла по рецепту из моих книг — это профессиональное, она всегда стоит у нас на столе как муляж и свидетельство моих профессиональных успехов.

Я разложила по тарелкам яичницу и вслух обратилась сама к себе:

— Катя, как тебе не стыдно? Как ты можешь кормить свою семью гренками, булочками с шоколадным маслом и яичницей, если ты консультант по здоровому питанию?..

— Если ты консультант по питанию, — сказал Дима, входя на кухню.

Боже, это просто чудо! У нас телепатическая связь!.. Как все истинно любящие, мы настроены на одну волну, как это прекрасно...

— Если ты консультант, — повторил Дима, и в его голосе явственно прозвучала едкая детсадовская интонация: «Если ты такая умная, Катечка...», — если ты все знаешь про здоровое питание, почему же тогда...

Дальше последовал список претензий, не злобный, а просто печальный — бу-бу-бу... Почему я не могу приучить его и детей есть овсянку на воде без соли и масла, почему на обед никогда не бывает хоть какого-нибудь свекольного салата, а на ужин всегда мясо с картошкой или с макаронами...

— А ведь в твоих книгах такие замечательные рецепты здорового питания... — мечтательно произнес Дима и принялся за яичницу.

...Хм... Может ли инструктор по дрессировке собак пройти по бревну на четвереньках с палкой в зубах? Ах, не может? А других учит. Тогда какие ко мне могут быть претензии?.. Теоретические знания — это одно, а практическое применение — это совсем другое.

Но дело не в яичнице и не в овсянке. Мне хочется, чтобы все завтракали вместе, и чтобы все было красиво, и чтобы все любили друг друга и рассказывали, кому что приснилось, и обменивались планами на день, и...

А у Димы по утрам всегда ЛИЦО. И еще он по утрам всегда вздыхает, очень громко, я бы сказала, настойчиво вздыхает. И я каждое утро пугаюсь, что у него за время ночного отдыха случилось что-то непоправимое.

— Что с тобой? — Я вилась вокруг Димы, как щенок. — Что, что, что?

— Устал... — вздохнул он.

— Ты же только что проснулся... — намекнула я.

— Ну и что? — непонимающе сказал Дима и вздохнул еще громче.

Отношения до брака — это восторги любви, дибазол 0,05 подкожно 1 мл, прощальный массаж лицевого нерва, и до свидания. А семейная жизнь совсем иное — это не до свидания под столом собрание, а наоборот, радости и горести пополам. Тем более Дима — главный врач большой больницы и не только лечит и руководит, а еще строит новый больничный корпус. Собирается оснастить его самым современным оборудованием, особенно он мечтает о ЯМР. Ядерно-магнитный резонансный томограф с сосудистой программой — вот это что. Стоит три миллиона долларов, ни у кого такого нет, а Диме уже почти что обещали в одном Фонде, нельзя говорить, в каком именно, — во Всемирном фонде исследований мозга.

— Может быть, у тебя неприятности? — деловито спросила я.

— Да нет... а впрочем, скорее да...

— Какие? Какие неприятности? Скажи, скажи скорей, какие неприятности!..

Дима некоторое время подумал и сказал:

— Я точно не знаю.

КАК человек может не знать, какие у него неприятности?!

Дима еще немного подумал и сказал:

— А что, если министерство не утвердит проект?

Я удивилась, ведь как раз вчера стало известно, что проект УЖЕ утвержден.

— Нет, ну а если все-таки... — настаивал Дима.

Я налила ему кофе и спросила:

— А может быть, тебе приснился плохой сон? И поэтому ты такой грустный?

— Я не грустный, я нормальный, — ответил Дима.

Он нормальный?! А кто же тогда ненормальный, я?..

— Ну, или возьмем, к примеру, мою машину... Вчера какой-то стук был. Наверняка она скоро сломается, — с надеждой сказал Дима и оглянулся вокруг в поисках еще чего-нибудь печального. Я услужливо подсунула ему дневник Котика с двойкой за писание палочек, и тогда он удовлетворенно вздохнул: — Ну, вот видишь, я же говорил...

Вот так. Еще неизвестно, кто здесь пациент, а кто невропатолог, или даже психоневролог... или даже, не побоюсь этого слова, психиатр.

Никогда не думала, что невысокие симпатичные черноволосые и чернобровые главврачи бывают такими трудными в простом человеческом общении. Но что поделаешь, все люди очень разные. Вот я, например, чрезвычайно легкий, приятный человек.

— Доброе утро, папочка и Котик, всем тоже привет, — из коридора крикнула Киса.

Все — это я. Это мне тоже привет.

— Ой, Киса, что это с тобой? — испугалась я.

Когда я смотрю на Кису, у меня не возникает ощущения, что это ребенок-девочка. Киса высокая-тоненькая-длинноногая, с маленьким надменным личиком. Непонятно, откуда у Димы взялась такая Киса-модель, сам Дима в смысле роста и длины ног не представляет собой ничего особенного.

Губы у Кисы накрашены черным, а щеки белым.

— Киса, ты очень красивая, вылитая Смерть из мультфильма... — восторженно протянул Котик. — Можно я тоже буду готом?

Готы — это молодежное течение, они увлекаются готикой, ходят в черной висячей одежде и многозначительно разговаривают о мрачном — таинственных привидениях, кладбищах, скелетах и других готических ужасах. На самом деле Киса ничуть не интересуется привидениями и скелетами, просто она специально меня раздражает.

— Как тебе мои губы? — поинтересовалась у меня Киса.

— По-моему, черные губы выглядят мрачновато, — осторожно заметила я, — тебе больше идет, когда ты не гот, а панк.

Киса поочередно изобразила на лице презрительное удивление и безразличие и медленно потянулась за чашкой тонкой лапкой с длинными, накрашенными черным, ногтями.

— ВЫ ничего в этом не понимаете...

— А почему ты вдруг со мной на «вы»? — машинально спросила я.

— А как же мне обращаться к взрослым посторонним людям? — фальшиво удивилась Киса.

Дима беспомощно взглянул на меня и мгновенно сделал вид, словно он давно уже отошел в мир иной и оттуда печально взирает на эту нашу суету.

Не буду обращать внимания. Во-первых, Киса — подросток. Может быть, ее черные губы и белые щеки — это бунт против окружающей действительности, например меня. Во-вторых, я обязана любить дочь своего мужа, тем более она может скоро выйти замуж или уехать учиться за границу.

Я бы ни за что не вышла замуж за Диму против ее воли, правда! Не потому, что я такой уж ангел, а просто... я же не мазохистка, зачем мне ненавидящий меня подросток с черными губами? Но ведь Киса совсем не была против, наоборот!..

«Я разрешаю вам пожениться», — важно сказала Киса, и мы быстро поженились и переехали в эту квартиру. Может быть, принимать такие внезапно кардинальные решения немного странно для взрослых людей, но мы с Димой так радовались, что мы все нашлись и понравились друг другу — и он, и я, и Киса, и Котик. Мы хотели, ЧТОБЫ СРАЗУ ЖЕ БЫЛА СЕМЬЯ.

И у нас стала семья. Теперь-то я понимаю, почему Дима так стремительно на мне женился — он боялся, что Киса передумает и заберет свое разрешение обратно.

Сначала Киса не отходила от меня ни на шаг, примеряла мои вещи, красилась моей косметикой и бесконечно

Все мои подруги как одна говорят:
«А я тебя предупреждала, что будет очень трудно...»

водила ко мне своих подружек и их мам консультироваться по поводу овсянки без соли. А потом что-то случилось. Я не знаю, ЧТО произошло, честное слово, я ничем ее не обижала!..

И теперь Киса ведет себя ужасно: назло мне меняет имидж с панка на гота, томно роняет необидные задумчивые гадости, затем откровенничает и пугает меня мрачными настроениями, затем вдруг неестественно оживляется и, наконец, выпаливает обидные гадости — в общем, демонстрирует, какая она сложная натура и самая одинокая в мире Киса.

Я поймала Кисин взгляд — она сидела напротив меня с надменным лицом и мешала мне жить, любить и веселиться. Дима делал вид, что он не с нами, — ему всегда кажется, что если он закроет глаза руками, то мир его не заметит. Но я не такая — я не собираюсь не замечать Кису. Кончилось мое педагогическое терпение! Пусть только Дима уйдет, я ей покажу! А пока не буду обращать внимания, а буду как ни в чем не бывало продолжать счастливый семейный завтрак.

— Знаешь что? Мне очень срочно нужно кое-что тебе сообщить, — обратилась я к Диме. — У нас дикий нечеловеческий холод! Давай поставим стеклопакеты.

— Стеклопакеты? Ни за что, — ответил Дима. — Шестнадцать градусов — это не холодно.

Я не возразила, только бросилась в прихожую, принесла детскую мутоновую ушанку, завязала уши, задрожала и защелкала зубами — вот видишь, как холодно!

— Не дрожи, — примирительно сказал Дима. — Я ненавижу стеклопакеты! Лучше я заклею окна.

— Мы не в средневековье, чтобы запихивать в окна газету и капроновые чулки! — рассердилась я. — Посмотри, разве у людей из окон торчат капроновые чулки?

Я подошла к окну с целью злобно пересчитать соседские стеклопакеты.

Наш дом — модерн начала века. Самый красивый дом на Петроградской стороне, в Питере, в России, в мире, во вселенной. Из окна виден внутренний двор и вход в следующий проходной двор. В нашем доме таких проходных дворов семнадцать.

У подъездов на цепях качаются старинные фонари, они блокаду выдержали, на них снег падает так красиво или дождь — Питер...

...Вообще-то Дима прав — больнично-белые пластиковые нашлепки стеклопакетов на бедных старых стенах похожи на забинтованные раны. Некрасиво, безвкусно, фу!..

Пришлось снять ушанку и перестать щелкать зубами.

— Хорошо, я согласна с газетой и капроновыми чулками, — сказала я. — Купить тебе колготки для заклейки окон?

Колготки я куплю черные, прозрачные, 40 ден, с поддерживающим эффектом. Несколько пар 70 ден, на мороз. В трудные минуты можно будет вытаскивать колготки из окон.

— Когда ты заклеишь окна, когда, когда, когда? — спросила я. — Завтра? Лучше сегодня! Давай вечером, а?..

...Еще куплю несколько пар цвета загара, к юбке, — тогда, может быть, получится протянуть до весны.

— Не волнуйся, заклею, — обнадеживающе произнес Дима. — Заклейка окон у меня в плане на май.

Я уже достаточно его знаю, чтобы понять — он говорит совершенно серьезно. Диме всегда кажется, что все на свете может еще немного подождать. Его пациентам повезло, что он невропатолог, а не хирург, а то бы он их всех разрезал летом, а зашил к Новому году. Но заклейка окон не может так долго ждать, ведь в мае уже тепло и мне не понадобятся колготки...

Я вышла в прихожую проводить Диму. Когда мы только поженились, я почему-то думала, что в выходные мы все вместе будем ходить в Эрмитаж, в филармонию, ездить за город собирать листья или лепить снежную бабу, но не тут-то было — по субботам и воскресеньям Дима часто работает и всегда играет в теннис.

— Да... так о чем ты хотел со мной поговорить? — вспомнила я.

— Я?.. — рассеянно переспросил Дима. — Я хотел тебя спросить, может, нам лучше расстаться?

— Что? Что?.. — прошептала я. — Ты... я...

— Все плохо... Ты очень скоро меня разлюбишь, — с печальным удовольствием произнес Дима, взял теннисную сумку и ракетку и начал продвигаться к выходу, — мы с Кисой портим тебе жизнь...

— Нет! Нет! Что ты! Я ни в коем случае не разлюблю!.. — уверяла я. — Вы не портите, а, наоборот, очень-очень украшаете, особенно Киса...

Дима пощупал мне пульс.

— Что-то частит... нет ли у тебя вегетативной дисфункции?.. — озабоченно сказал он, вздохнул на прощанье и ушел играть в теннис.

Ну почему, почему, почему?! Ну, противная Кисища, берегись!

Киса сидела у себя, уткнувшись в учебник истории, а под учебник у нее была подложена книжка — думаю, что-нибудь вроде «Техники орального секса для школьников среднего и старшего возраста». На столе валялись сочинения, которые я писала для Кисы, — одно про Раскольникова, другое по «Мертвым душам».

Я не стала говорить Кисе: «Я так хочу стать тебе матерью». Какая может быть мать, если она выше меня в два раза. И в четыре раза худее.

Я не стала говорить Кисе: «Я хочу стать тебе другом». Мы уже два месяца были друзьями, а друзья так не поступают, чтобы без всякого объяснения причин перестать дружить.

Я не стала говорить Кисе, что она дорога мне как Димина дочь и тому подобную ерунду. Это заведомая

неправда, — ни один человек не может быть мне дорог как чей-то родственник или знакомый.

Я не стала говорить Кисе разные жалкие слова типа: «Мы с тобой должны его пожалеть и не расстраивать» — потому что она меня просто не услышит.

— Киса, ты хочешь, чтобы мы расстались? — без предисловий спросила я.

— Мы все расстались? И мы с Котиком тоже? — уточнила Киса.

— Ну, с Котиком ты сможешь продолжать отдельные отношения... Ты хочешь, чтобы мы с Димой расстались? — четко сформулировала я. Ни за что не скажу «с твоим папой», и никакая это не ревность с моей стороны, а просто не скажу, и все тут.

— Нет. Не хочу. Кто будет мне сочинения писать и английский делать? — так же четко сформулировала в ответ Киса.

Может быть, это было непедагогично, но я сказала Кисе правду: ее папа, а мой муж Дима — невропатолог. Главный врач большой больницы. Очень сложный, тонко организованный человек, который так погружается в свои переживания, словно ныряет на глубину многих тысяч метров. Очень расстраивается из-за... из-за всего. А тут Киса постоянно что-то такое демонстрирует. И ему кажется, что Киса несчастна, и я несчастна, и только маленький Котик ничего не замечает, но когда вырастет, непременно заметит и тоже будет несчастен. И теперь Дима боится — вдруг у нас ничего не получится. Но если человек боится, у него и в самом деле не получается — это закон, и ничего тут не поделаешь. И я не собираюсь сидеть и смотреть, как у нас ничего не получается.

Так что Киса должна прямо сейчас решить, что ей больше нравится — быстро и решительно довести нас до развода или...

— Или что? — обеспокоенно спросила Киса.

— Что-что... жить всем вместе, вот что, — проворчала я.

Я знаю, что не нравлюсь Кисе, зато ей нравятся:

а) Котик,

б) наша новая квартира,

в) написанные мной сочинения, особенно про Раскольникова.

Да, и еще Киса обожает консультироваться со мной по здоровому питанию.

Киса изобразила напряженную работу мысли.

— Так что я должна для тебя сделать? — насмешливо спросила она. — Быть хорошей девочкой?

— Ха-ха-ха, ничего подобного, — ответила я. — Ты можешь быть любой девочкой, какой хочешь. Можешь меня не любить и даже ненавидеть. За Котика, сочинения и консультации по питанию ты всего лишь должна соблюдать некоторые правила.

Киса еще немного покривлялась, и мы договорились.

Я уже собиралась уйти, но тут Киса сдвинула локтем учебник истории, и мой взгляд упал на книгу, которая лежала под ним. И эта книга была вовсе не «Техника орального секса». И не «Война и мир», не «Преступление и наказание» и даже не «Декамерон», а мой личный, замусоленный, зачитанный до дыр, изданный сто лет назад «Малыш и Карлсон, который живет на крыше». Карлсон в полосатой пижаме летел под зонтиком по немножко рваной голубой обложке.

— У Котика стащила? Я тоже так люблю Карлсона! — растроганно улыбнулась я. — Знаешь, я в детстве ужасно завидовала Малышу. Считала, несправедливо, что Карлсон прилетал именно к нему...

— Ничего, и к тебе еще прилетит, — ответила Киса, — какие твои годы...

Ох! Маленькая дрянь с черными губами, вот кто эта Киса! Только расслабишься, она тебя раз-раз — схватит и укусит.

— Лучше я пойду к себе, — грустно сказала я.

— Да-да, иди. Я хочу выщипать брови. Найди пинцет и напиши мне памятку, как себя вести, — бросила Киса мне вслед. — А то вдруг вы из-за меня разведетесь? И следующая папина жена окажется еще хуже тебя...

— Почему еще хуже, почему?! — обиделась я. — Некрасиво так говорить... Она будет лучше! У Димы такой хороший вкус...

Понедельник

Потрясающе!

Я попросила Кису и Котика не звать меня к телефону и скрылась в спальне. Это мое личное дело, чем я занимаюсь у себя в комнате. Хочу — валяюсь на диване, хочу — изучаю разные новые виды печенья.

Я хотела спокойно провести время без них, с чашкой чая и шоколадным печеньем. Раньше оно называлось «Суворовское», продавалось на Садовой в кулинарии «Метрополя». Там сначала слой теста, потом слой шоколада, а теперь слой шоколада стал поменьше, и это неправильно.

Что-то я отвлеклась... Консультант по питанию должен знать вредные продукты в лицо, поэтому у нас дома всегда большой запас разного печенья, сушек, галет. Пряники тоже есть.

У меня было плохое настроение, а все знают, что для консультанта по питанию уныние — самый страшный грех. Вот я и хотела спокойно проверить вредные шоколадные продукты и почитать книгу «Трудный подросток».

...Я лежала на диване и думала, что могла бы совершить на этом диване что-нибудь очень хорошее для всех, например для своего издательства... Написать книгу «Здоровое питание для застенчивых», за которую уже давно получила аванс. Застенчивые — это те, кто стесняется признаться, что любит конфеты, и печенье, и булочки. Особенно любит конфеты трюфель, шоколадное печенье и маковые булочки...

А я вру редактору, что у меня творческий кризис и я пока не знаю, как правильно питаться застенчивым людям. Вместо того чтобы выполнять свои обязательства по полученному авансу, часами изучаю «Трудного подростка». И уже предложила издательству взамен «Здорового питания для застенчивых» написать книгу «Трудный консультант по питанию». Но издательству почему-то такая книга не нужна.

Хорошо издательству требовать «Здоровое питание для застенчивых»! Издательство не знает, что жизнь так нелегка, особенно женская, особенно моя. Не знает, что у меня самый настоящий экзистенциальный кризис, кризис ценностей существования... А что? Все признаки налицо.

— Сомнения, правильно ли я живу.

У меня есть такие мучительные сомнения. Удачно ли я вышла замуж?

Теперь вся моя жизнь полна досадных мелочей. Мне постоянно приходится обо всем думать. Я постоянно волнуюсь, любит ли меня Дима. Иногда волнуюсь, не разлюбила ли я. То Дима не так на меня посмотрел, то у меня обеда нет, то Котик — двоечник по писанию палочек, то на мне вместо шелковой ночной рубашки старая футболка, то никто меня не слушается. Изредка мне кажется, что я должна была быть лучше, а каждый день, что от меня и так требуется слишком много.

— Экзистенциальное одиночество.

Это у меня тоже есть. Я очень часто думаю, что меня никто не понимает. А однажды я даже подумала — может быть, я тоже никого не понимаю?

— Проблема профессиональной реализации.

Конечно, у меня есть такая проблема — достаточно ли я реализовалась как консультант по питанию и как обмануть издательство. Самые радикальные варианты — уехала в кругосветное путешествие или ненадолго впала в летаргический сон.

А теперь еще с Кисой проблемы...

И вот, вместо того чтобы беззаботным облаком клубиться по дивану и писать «Здоровое питание для застенчивых», я переживаю так сильно, словно это концептуально важные вещи, а не «все пройдет». А ведь я консультант по питанию, автор бестселлеров, меня нужно беречь.

Я подошла к окну, открыла обе створки, высунулась и немного половила ртом снежинки. Я сама себе очень нравилась — гордый юный поэтический консультант по питанию стоит у окна, ест снежинки и думает, что больше никогда, никогда в его жизни не будет ничего веселого... Вот сейчас он нарочно простудится, и тогда противная Киса пожалеет...

Я грустно размышляла обо всем этом и вдруг услышала какое-то странное жужжание. Посмотрела внимательно — никаких пчел, никакого самолета, ничего.

Но... я же слышала?.. Жужжание никогда не бывает просто так, это всем известно.

Я медленно двинулась обратно к дивану, всем своим видом показывая, что о чем-то задумалась и вовсе не собираюсь оглядываться, и вдруг — раз, и быстро оглянулась!

Сидит!.. На моем подоконнике!..

Сидит, сидит, сидит!.. В синих штанах, клетчатой рубашке, полосатых носках!..

Неужели мечты сбываются?.. Неужели он прилетел? Ко мне?..

— Привет! — сказал Карлсон и критически осмотрел меня с головы до ног. — А ты ничего, довольно упитанный экземпляр!..

— Привет-привет! — пискнула я, задохнувшись от счастья, и кинулась к Карлсону, чтобы поскорее его обнять.

— Спокойствие, только спокойствие! — Карлсон отпихнул меня толстенькой ручкой. — Обниматься — это лишнее. Я не твоя бабушка. У тебя есть какая-нибудь еда? Мясные тефтельки? Торт со взбитыми сливками тоже сойдет.

— Торта нет, зато у меня есть здоровое питание — овсяная каша на воде без соли и масла, — доложила я, — ну и еще сосиски с макаронами.

— И ты полагаешь, что можно наесться этим твоим здоровым питанием? И сосисками с макаронами? — склочным голосом спросил Карлсон.

— Нет, — с достоинством ответила я, — но ведь есть еще шоколадное печенье, сушки, галеты. Пряники тоже есть.

Карлсон вздохнул:

— Да-а... От некоторых людей нельзя слишком много требовать. Тащи сюда все, особенно сосиски и шоколадное печенье.

Я побежала на кухню.

— Ты чего это еду в комнату тянешь? Обедать, что ли, не будешь? — подозрительно поинтересовалась Киса. — А сама говорила, что обедать нужно всем вместе...

— Я... э-э... «Здоровое питание для застенчивых» начала писать. Ну и решила подкрепиться. Интеллектуальный труд требует дополнительных сосисок, да. И еще я возьму с собой немного печенья.

Хорошо, что у меня в комнате сохранилась маленькая защелочка — можно запереться от Кисы и Котика под предлогом «Здорового питания для застенчивых».

Я любовалась чавкающим Карлсоном и чувствовала себя такой счастливой, словно смотрела в свой детский стеклянный шарик. Внутри этого шарика была маленькая елочка и шел снег — никогда в жизни мне не понять, откуда он там берется...

— Ложку за меня, ложку за дядю, ложку за тетю, — приговаривал Карлсон, быстро-быстро набивая рот.

— За какую тетю? — ревниво поинтересовалась я.

— Понятия не имею, — ответил Карлсон и с сожалением отставил пустые тарелки. — Ну, а теперь я предлагаю немного поразвлечься. Если хочешь, можем пошвырять стулья из окна.

— Сейчас не могу. Дела... — выкрутилась я. — Книгу надо писать, «Здоровое питание для застенчивых». Такой... э-э... научный труд.

— Я так не играю! — надулся Карлсон и занес свою маленькую толстенькую ножку на подоконник. — Вот возьму и улечу сейчас отсюда...

Я растерянно оглядывалась вокруг в поисках паровой машины или еще чего-нибудь, что было бы не жалко взорвать, — телевизор, фен?..

Карлсон занес ножку обратно.

— Послушай... Это, конечно, не наверняка, но я, пожалуй, мог бы остаться, если... В общем, я тоже не прочь стать писателем.

— Что?.. — удивилась я.

— Что-что! Глухая тетеря! — рассердился Карлсон. — Похоже, мне придется начать свой труд по питанию с того, что пропылесосить тебе уши!

Карлсон бросился на диван и мгновенно свил себе уютное гнездышко из пледа и подушек.

— Догадываешься, кто лучше всех на свете знает, как нужно питаться?

Я молчала. Даже если консультант по питанию тайком поедает шоколадное печенье на своем рабочем месте, это не означает... не означает, что плюшки... и блины, и мясные тефтели, и торт со сливками могут быть рекомендованы в качестве здорового питания... Ну, в общем, мои теоретические убеждения расходятся с представлениями Карлсона о правильном питании.

— От плюшек толстеют, — робко сказала я.

— Ты что, действительно считаешь, чем человек худей, тем он красивей и милее? — обиженно спросил Карлсон.

— Конечно да, — смело ответила я, — это всем известно, и науке, и женским журналам.

— Сиди тихо, и я тебе докажу, что это не так. При помощи доказательства от противного.

Я удивилась. Откуда Карлсон знает доказательство от противного — логический прием, когда опровергается противоположная идея. Должно быть, случайно залетел в окно к какому-нибудь математику.

— Я знал одного противного худышку, — начал Карлсон. — Вот ты считаешь, что все худые люди красивые и милые, а у него были противные глаза, противные уши, противный нос, да и по характеру он был просто скорпион рода человеческого.

— И что?

— И все.

— Но ты же собирался доказать... — удивилась я.

— Я и доказал. Я обещал тебе доказать от противного, и я это сделал. — Карлсон привстал, важно поклонился, бросился обратно в подушки и поглубже зарылся в плед.

И в этот момент под дверью раздались голоса.

— Где пинцет?! Мне срочно нужно выщипать брови! — это Киса, очень возбужденно.

— Я уже написал почти целую строчку палочек. Быстро я, правда? Всего за два часа, — это Котик, гордо.

— Катя, выходи, у нас неприятности, — это Дима, трагически. — Не могу тебе сразу сказать, чтобы ты не очень расстраивалась. Тебе звонили из издательства — требуют первую часть «Здорового питания для застенчивых».

— А-а... — простонала я, — о-о...

— Тише, а то люди могут подумать, что я тебя ущипнул... — заметил Карлсон.

Я потянула Карлсона за толстенькую ручку, пытаясь вытащить его из пледа.

— Пойдем скорей, я тебя со всеми познакомлю!

— В другой раз с удовольствием, а сейчас мне нужно кое-чем заняться у себя дома. — Карлсон вынырнул из своего гнездышка и направился к окну. — Угадай, кто лучший в мире писатель книги «Здоровое питание по Карлсону, который живет на крыше»?.. Кстати, писать будешь ты. А что? По-твоему, справедливо, чтобы я один работал до седьмого пота?

...Карлсон улетел, а я подумала: какое счастье, что все в мире имеет свой внутренний смысл, который мы не в состоянии сразу постичь! Что мы никогда не знаем, кто нас ждет на крутом повороте судьбы, и так далее, ура!.. В общем, какое счастье, что мы не поставили стеклопакеты и не заклеили окна!

— Почему тут так холодно? — поежившись, спросил Дима. — Давай колготки, я заклею окна.

И что мне, так прямо и объявить — ко мне прилетал Карлсон?.. Ведь Дима — невропатолог. Решит, что у меня галлюцинации, зрительные и слуховые. Захочет проверить мои рефлексы. А если человека как следует проверить, то у него по невропатологической части ВСЕГДА ЧТО-НИБУДЬ НАЙДЕТСЯ, к примеру бессонница или водобоязнь. Запросто выпишет мне что-нибудь типа витаминов группы В внутримышечно, а это больно...

— Спасибо, Димочка, но знаешь что... Пока не нужно. Потому что... а знаешь, почему? Не знаешь? Да... А потому что я начала писать «Здоровое питание для застенчивых». И теперь проверяю на себе свою новую идею — «держи ноги и все остальное в холоде».

— Ну вот и прекрасно, — с облегчением сказал Дима.

Глупо доверять свои карамельки человеку с зубами!

Насчет «Здорового питания для застенчивых» решила так: пусть пока издательство обходится тем, что есть, — овсяной кашей без соли и масла. Человек должен писать, только когда он не может не писать.

Но, с другой стороны, я как раз не могу не писать, потому что я:

а) УЖЕ утащила из кухни поднос с едой (специально купила для Карлсона маринованные огурчики, докторскую колбасу, корзиночку с кремом из сгущенки),

б) УЖЕ заперлась на защелку.

Получается неловко — Киса будет думать: чем я тут занимаюсь взаперти с подносом еды?

Прежде чем сделать карьеру в области овсяной каши без соли и масла, я была простым преподавателем психологии и прочитала сто тысяч миллионов скучнейших учебников. Ни одна Киса в здравом уме не станет их читать.

Поэтому я решила так — напишу книжку для Кисы. Ну не так, чтобы КНИГУ, а просто такую памятку — лично Кисе от меня. И от Карлсона.

Моя книга для Кисы будет:

а) Совершенно ненаучная, потому что глупо было бы надеяться, что Киса прочитает научную книгу. Правда, тут есть одна тайная выгода и хитрость. Кое-что пригодится Кисе для того, чтобы блистать в обществе. Ну, так небрежно произнести несколько простых слов, к примеру: фрустрация, трансценденция и эмпатия.

б) Про любовь, потому что ленивая Киса прочитает только то, что ей действительно нужно. А Кисе нужно про любовь, все остальное для нее лишнее.

Честно говоря, для меня тоже все остальное лишнее. Я хочу, чтобы в моем доме была Любовь. Пусть бы она всегда истекала сладостью, как бесконечная карамелька. Хочу, чтобы Дима всю жизнь любил меня, как в первый раз, хочу никогда больше НЕ кричать на Котика, хочу НЕ обижаться на Кису... Можно было бы, конечно, положиться в деле Любви на них самих — пусть Дима и Котик сами сохраняют мою любовь, а противная Кисища пусть сначала заслужит мою любовь и заодно не раздражает меня своими черными губами и ногтями...

Вот, к примеру, сегодня она заявила:

— Ты говоришь, что мой папа «сложный». И поэтому я не должна говорить правду — что ты мне посторонний человек. Обманываешь меня, да?.. Воспитываешь... На самом деле каждый человек сам по себе. Я сама по себе, и мой папа сам по себе, и ты. Так что оставь меня в покое.

Киса не хочет заслуживать мою любовь, а, наоборот, хочет меня обижать и... как это говорится?.. Киса точит на меня зубы, вот.

Раз уж у Кисы такие острые злые зубки и все они наточены на меня, то мне придется самой подумать о Любви в нашем доме, ведь всегда лучше позаботиться о себе самому. Как говорит Карлсон: «Я бы не стал доверять свои карамельки человеку с зубами».

Я долго думала, как начать, и начала так:

«Дорогая Киса, все люди хотят жить счастливо и любить друг друга вечно, НО...»

Потом я еще немного подумала и решила, что я пишу это не только для Кисы, но и для себя, и начала так:

«Дорогая Киса и ты, Катя! Все люди хотят жить счастливо и любить друг друга вечно, НО...»

Потом я еще немного подумала и решила: какая разница, как начать. Ясно же, что про любовь интересно всем.

Все люди хотят жить счастливо и любить друг друга вечно, НО... Одна из самых частых причин того, что любовь по дороге к вечности потеряется и перейдет в раздражение и в нелюбовь, — несовпадение темпераментов.

Несовпадение, взаимное непонимание, ссоры... ну, и затем расставание — вот какая неприятная выстраивается цепочка. Расхожее выражение при разводах «не сошлись характерами», в сущности, означает «не сошлись темпераментами».

Вообще-то, темперамент — это не бином Ньютона. Любого человека спроси, он ответит: холерики — возбужденные и быстрые, как Киса, флегматики — медленные и задумчивые, как Котик, меланхолики ноют и куксятся, а про сангвиников и сказать-то нечего. Так что я не буду это подробно объяснять...

Ура, жужжит! Прилетел!

— Вот оно что, не будешь подробно объяснять! Среди нас, оказывается, завелись лентяи! — возмутился Карлсон, на лету запихивая в рот сразу два маринованных огурчика. — Я-то, конечно, прекрасно разбираюсь в этом тем-пер-пам, но ведь нельзя же требовать от Кисы, чтобы она была таким первым учеником, как я, лучший в мире Карлсон.

А ведь Карлсон прав — я должна говорить с Кисой на одном языке. Это не значит, что обычно для беседы с ней я использую иностранные языки, какие придется, а вот сейчас наконец собралась беседовать с ней по-русски. Просто есть такое правило: если хочешь, чтобы тебя услышали, говори на языке партнера. То есть на одном «психологическом» языке.

Как сделать так, чтобы любимый человек ждал нас ВСЕГДА, считал, что мы единственные, а значит, лучше всех остальных, в общем, что мы даже ЛУЧШЕ СОБАКИ?

Наверху, на крыльце Карлсона, рядком лежали десять румяных плюшек.

— ...Мы их поделим поровну — семь тебе и семь мне.

— Так не получится, — возразил Малыш. — Семь и семь — четырнадцать, а у нас только десять плюшек.

В ответ Карлсон поспешно сложил семь плюшек в горку.

— Вот мои, я их уже взял, — заявил он и прикрыл своей пухлой ручкой сдобную горку. — Теперь в школах так по-дурацки считают. Но я из-за этого страдать не намерен. Мы возьмем по семь штук, как я сказал, — мои вот*.

Почему Малыш не возражает против такой плюшечной несправедливости? А потому что Карлсон говорит с Малышом на его психологическом языке: любой ребенок уверен, что в школе часто бывает все по-дурацки, и никто не собирается из-за этого страдать, а нужно просто принимать это как должное. И если наш партнер будет апеллировать к близкому нам и понятному, мы с легкостью согласимся отдать ему свои плюшки.

Вот и мне тоже нужно говорить с Кисой на одном языке. Так что я все-таки подробно расскажу Кисе и себе про меланхоликов.

Я подсунула Кисе под дверь листочек с надписью: «Дорогая Киса, скажу тебе честно: я люблю твоего папу. И еще — твой папа меланхолик».

---

* Здесь и далее цит. по: Линдгрен А. Три повести о Малыше и Карлсоне. М., 1974.

Все люди хотят жить счастливо
и любить друг друга вечно, НО...

Среда

Меланхолик, или Похоже, нашей семье пришел конец

При слове меланхолик у Кисы и у всех остальных может возникнуть незамысловатая ассоциация вроде: «А-а, знаю... он обычно сидит в углу и плачет». Некоторые люди пытаются использовать это слово как ругательство, а кое-кто даже путает меланхолика с шизофреником... Очень обидно, потому что на самом деле все не так! На самом деле Меланхолик — это драгоценная брошка тонкой работы на грубой рубахе жизни.

У каждого типа темперамента есть характерное, главное состояние — что-то вроде фона, на котором протекает жизнь. Основное состояние Меланхолика — депрессия. Он заранее настроен на неудачу, заранее готов принять поражение и с тихим достоинством нести свой крест.

Меланхолик не вяжется с образом настоящего мужчины — всегда уверенного в себе и даже немного грубого, —

за ним как за каменной стеной. Но если Меланхолика правильно любить, то и он может быть такой же каменной стеной, как другие, ничуть не хуже. Хотя, конечно, Меланхолику нелегко быть каменной стеной, потому что он от природы склонен к невротическим состояниям — тревожности, усталости, головной боли и гнетущему чувству, что уже опять утро, а он еще не отдохнул. Поводов для колебания настроения у Меланхолика много больше, чем у других людей, ведь любую ситуацию он расценивает прежде всего как тревожную.

Но что же делать, если маленькие мальчики и взрослые мужчины куда чаще бывают меланхоликами, чем кажется. Вот, к примеру, Малыш, лучший друг Карлсона, — этот милый малыш, хоть и не чистый Меланхолик (чистые типы темперамента, как и все чистое, вообще встречаются не слишком часто), но все же достаточный, чтобы назвать его Меланхоличным Малышом.

У Меланхоличного Малыша самое лучшее всегда происходит в мечтах, а все события реальной жизни окрашены в печальные тона. Меланхоличный Малыш часто и с удовольствием думает о том, как же он несчастен. Если у Меланхоличного Малыша есть самый лучший в мире Карлсон, то он очень грустит без собаки, потому что Карлсон не такой, как собака. Вот уже появилась собака, но не прилетел Карлсон, и он опять грустит — все-таки собака не такая, как Карлсон.

А если имеются и собака, и Карлсон, но уехала мама?

Он подумал о маме, о том, что еще долго ее не увидит, и еще немножко поплакал.

Так и хочется сказать Малышу (и еще кое-кому — взрослому, красивому, успешному главврачу): на свете все так устроено — одно всегда не такое, как другое... Но никто так упоенно и бескорыстно не печалится о несовершенстве мира, как Меланхолик.

Как только Меланхолик открывает глаза, на него набрасываются всякие гадости. Словно сидящие у постели цепные псы, Меланхолика подстерегают телефонные звонки, назначенные встречи и записи в ежедневнике. Он на минутку обессиленно прикрывает глаза, но жизнь никуда не девается, — поэтому Меланхолика утром лучше не трогать. Вообще не трогать и даже не обращаться с вопросами о стеклопакетах...

Меланхолик недостаточно вынослив и часто просыпается с ощущением «что-то я сегодня устал...». Дело тут вовсе не в физической силе (Дима, например, может сыграть очень много сетов подряд), а в его «усталом» восприятии жизни.

Меланхолик постоянно приговаривает, что он уже больше не может. Если мы связаны с Меланхоликом общим делом, то нам обязательно захочется раздраженно на него прикрикнуть:

— Все устали, все больше не могут, а ты один жалуешься!

Да, его усталость носит скорее субъективный характер, чем объективный, но Меланхолику от этого не легче — даже если ему только кажется, что он устал и больше не может, значит, он ДЕЙСТВИТЕЛЬНО устал и больше не может.

У Меланхолика непременно что-нибудь болит, или же он просто весь насквозь больной. Например, у него часто бывает больное сердце и какой-нибудь дальний предок, у которого, по сведениям Меланхолика, тоже было больное сердце.

Не имеет значения, что родственники давно уже сводили Меланхолика к врачу и врач сказал Меланхолику:

— С таким сердцем сто лет проживете.

Меланхолик не верит — он же ЗНАЕТ, что у него больное сердце.

Но самое главное — сердце у него действительно ноет. Так что какая разница, что именно сказал врач, — Меланхолику же больно, больно!

У Меланхолика есть еще одна особенность — он не слишком внятно выражается, так что ему иногда бывает нелегко донести до окружающих свои мысли.

— Я тут... э-э... прочитал... одну книгу... так вот... там...

Он экает, мекает, старается, но ему ни за что не добиться четкости Флегматика или яркости Холерика.

Зато внутренняя речь у Меланхолика замечательно развита, и он ее часто использует, чаще других. Меланхолик склонен к беседе с самим собой и вообще к рассуждениям, иногда совершенно бесплодным.

Вот о чем, например, размышляет Меланхоличный Малыш за обедом:

✺

Лучшее, что есть в домомучительнице, — это яблочная запеканка, а лучшее в яблочной запеканке — это ванильный соус, а лучшее в ванильном соусе — это то, что я его ем.

Ни Холерику, ни Флегматику не придет в голову такая длинная и печальная мысль о яблочной запеканке. У Холерика просто нет времени на такой подробный внутренний диалог, а у Флегматика не получится внятный диалог с самим собой, потому что оба собеседника надолго задумаются...

Будущее, далекое и близкое, всегда предстает перед Меланхоличным Малышом окрашенным в безнадежные тона. Всего пару минут подождал он Карлсона у открытого окна, и вот, пожалуйста, — горе, ужас, все пропало навсегда.

✺

— Все ясно, он не вернулся, — печально твердил про себя Малыш. — Он никогда больше не прилетит.

Меланхолику нелегко живется, ведь вокруг столько опасного и неизведанного, и от неизвестности совсем уж невыносимо опасного. Все остальные видят в новых жизненных горизонтах хотя бы что-нибудь привлекательное. Все остальные, но не Меланхолик.

Если Котик завтра заболеет скарлатиной, Киса расстроится и пожалеет его, но не только. Киса обрадуется — ведь ей можно будет не ходить в школу. И я бы тоже обрадовалась на ее месте.

Казалось бы, Малыш тоже мог бы подумать о том, что в болезни его брата и сестры есть хотя бы одна положительная сторона: оставшись одни, они с Карлсоном смогут вволю поиграть в привидения.

— Скарлатина — дело житейское, — вмешался Карлсон. — Кстати, со скарлатиной получилось очень удачно. Все легли в больницу именно в тот день, когда дома появилось привидение.

...Доктор показал на Малыша:

— А его придется пока изолировать.

Услышав это, Малыш заплакал. Он вовсе не хотел, чтобы его изолировали. Правда, он не знал, что это такое, но самое слово звучало отвратительно.

— До свидания, дорогой братик, не горюй! Ведь мы скоро вернемся, — сказала Бетан.

Малыш разрыдался:

— Ты только так говоришь! А вдруг вы умрете?

Ну почему сразу так драматично — сразу же «умрете»? А потому что Меланхолики склонны к гипердиагностике! Я же говорила, не было у меня никакого неврита, обычная простуда!

В отличие от всех остальных типов темперамента, Меланхолик в любом событии предполагает неприятный исход. К тому же он не желает оставаться со всем этим неприятным наедине, ему необходимо поделиться своими мыслями с близкими людьми.

Меланхоличный Малыш пишет маме письмо.

Дорогая мама, — начал он. — Похоже, что нашей семье пришел конец Боссе и Бетан больны какой-то тиной и их увезли в больницу а меня езолировали это совсем не больно но я конечно заболею этой тиной а папа в Лондоне жив ли он теперь не знаю... домомучительница не болна и Карлсон тоже но и они скоро заболеют прощай мамочка будь здорова.
— Подробно я писать не буду, — объяснил Малыш... — потому что не хочу ее пугать.

Но что же, неужели Меланхоличный Малыш — неприятная личность? Ни в коем случае! Он преданный, внимательный, любящий малыш, самый милый малыш на свете! Но Меланхоличному Малышу придется перестать быть любимым малышом, придется стать главврачом, строителем нового корпуса и вообще НЕСТИ ОТВЕТСТВЕННОСТЬ.

И какой же мужчина вырастет из Меланхоличного Малыша?

Да, конечно, у Меланхолика есть недостатки, но у кого их нет? Зато у Меланхолика есть такие достоинства, которых нет больше ни у кого. В глубине души он остается тем самым Малышом, который так нежно любил Карлсона, что даже отказался от долгожданного путешествия с мамой и папой.

Как он может бросить Карлсона одного именно в тот момент, когда он ему действительно нужен! Раз у тебя есть лучший друг, его нельзя бросать.

Меланхолики — очень хорошие друзья. Они могут отдать другу самое дорогое, даже игрушечный пистолет, который выглядит совсем как настоящий.

— Ты лучший в мире друг! — говорит Карлсон. И что же Малыш? Малыш счастлив оттого, что счастлив Карлсон, а это не всем дано.

Меланхолик — чуткий, нежный и готов в любую минуту выслушать и пожалеть. Он обладает повышенной эмпатией — способностью чувствовать точно так же, как

49

чувствует его собеседник. Он сам постоянно прислушивается к своему внутреннему миру и так же внимателен к чужому. Уж он-то доподлинно знает, КАК человеку бывает плохо, поэтому выслушает и поймет нас лучше всех остальных.

— Разве ты плохо спишь? — спросил Малыш.

Карлсон угрюмо кивнул.

«Как это печально», — подумал Малыш и сказал:

— Мне так жаль... У тебя в самом деле так плохо со сном?

— ...Собственно говоря, ночью я сплю беспробудно и перед обедом тоже, а вот после обеда дело обстоит из рук вон плохо, лежу с закрытыми глазами и ворочаюсь с боку на бок.

Представим, что мы хотим от Холерика или Флегматика понимания всех тонких движений нашей души. Первый не будет вникать в подробности нашего дневного сна, поскольку больше занят собой, а второй еще не скоро поймет, о чем речь. А когда наконец поймет, может быть, нам уже надоест жаловаться на плохой сон и захочется перейти к другому вопросу.

Но нежная душа — это еще не все. Кроме обладания нежной душой, Меланхолик приносит огромную практическую пользу.

Да, Меланхолик всегда думает о дурных последствиях или о возможных трудностях, но ведь он же о них ДУМАЕТ.

— Ну, полетели? — спросил Карлсон.

Малыш еще раз все взвесил.

— А вдруг ты меня уронишь? — сказал он с тревогой.

Такая предусмотрительность в опасном и суровом мире — большое преимущество Меланхолика по сравнению с Холериком, который не размышляет, а УЖЕ ЛЕТИТ, САМ НЕ ЗНАЯ КУДА, и обнаружит трудности, только уткнувшись в них носом. Это большое преимущество Меланхолика и по сравнению с Флегматиком, который, вместо того чтобы поразмыслить о возможных проблемах, например, не уронят ли его во время полета, предпочтет долго и методично прилаживать к себе пропеллер. Флегматик по-настоящему так никогда и не столкнется со своими проблемами, потому что определит свою неудачу не как неудачу, а лишь как новые обстоятельства. И в этих новых обстоятельствах он опять примется прилаживать к себе пропеллер, то есть действовать все так же тщательно и методично.

Кто же остановит зарвавшегося в своих планах Холерика, кто напомнит Флегматику об опасности, если не Меланхолик? Именно Меланхолик играет роль адвоката дьявола, замечает все возможные трудности и этим своим ноющим «а что, если...» немного опускает Холерика на землю, а Флегматика заставляет подумать о будущем, а не только о настоящем...

И наконец, Меланхолик, как правило, тонко чувствует природу и искусство. Он и сам часть природы — такой нежный росточек, и сам часть искусства — элегия или соната.

Я закончила описывать меланхолика, немного подумала и приписала:

«Дорогая Киса, в моей любви к Диме обнаружились некоторые трудности. Но никто не обещал, что любить легко. Главное — помнить правила любви. А ВДРУГ ТЕБЕ, ДОРОГАЯ КИСА, ТОЖЕ КОГДА-НИБУДЬ ДОСТАНЕТСЯ МЕЛАНХОЛИК?.. ТОГДА ТЕБЕ ЭТО ОЧЕНЬ ПРИГОДИТСЯ. Правила любви к меланхолику жди завтра. Или послезавтра».

И подсунула Кисе под дверь листочки.

Пятница

Как правильно любить Меланхолика

Любовь к Меланхолику не требует специальных психологических знаний, а только ума и сообразительности. Ум и сообразительность нужны, чтобы понять: если правильно любить Меланхолика, то он подарит нам самое ценное, самое лучшее. Как сосна капельку смолы.

ПРАВИЛО ПЕРВОЕ

Баловать! Ласкать, нежить. Удовлетворять его повышенную потребность быть любимым. Мы все хотим быть любимыми, но у Меланхолика иное — ему постоянно нужно ЧУВСТВОВАТЬ себя любимым. В этом его принципиальное отличие от Холерика, которому необходимо наше восхищение, и от Флегматика, — для него самое главное, чтобы мы его уважали.

ПРАВИЛО ВТОРОЕ

Не просто молча понимать Меланхолика, а стараться выражать словами нежное понимание его проблем. Не говорить ему бодрым голосом: «Что ты расстраиваешься из-за ерунды!» Он тогда может свернуться, как молоко. Нужно ему сочувствовать, расспрашивать его — если есть время, а если нет, хотя бы покивать головой, сохраняя жалостливое выражение лица.

ПРАВИЛО ТРЕТЬЕ

Любимая женщина Меланхолика должна смириться с тем, что ему всегда хуже, чем ей. Потому что Меланхолику, и правда, всегда ХУЖЕ: ведь для него трагическая сторона человеческого существования словно постоянно приоткрытая дверь в страшную темную комнату, в которую другие никогда не заглядывают.

Конечно, немного обидно, что кому-то всегда хуже, чем нам, но при некоторой тренировке совсем нетрудно это признать. Зато в любовной паре Меланхолик с его нежной душой обычно играет роль примирителя. Когда отношения приближаются к последней черте, именно он останавливается и говорит: «Вы что, ребята?.. Опомнитесь...»

ПРАВИЛО ЧЕТВЕРТОЕ

Не кричать на Меланхолика и даже по возможности не разговаривать с ним резким тоном. Не забрасывать его своими идеями, как яблоками, чтобы не попасть ему случайно в лоб. В общем, щадить Меланхолика, не очень на него наскакивать, хотя бы через день.

СЕКРЕТ

Самая трудная, самая негармоничная любовная пара — это Меланхолик и Холерик. Энергичный Холерик словно берет бедного Меланхолика за воротник и трясет его, и треплет...

Холерик без устали предлагает Меланхолику разные очень хорошие развлечения, чтобы хоть как-то оживить его недостаточно, по мнению Холерика, бурную жизнь. При этом Холерик совершенно уверен, что осчастливил Меланхолика таким милым собой, и любит повторять: «Что бы ты без меня делал...» А беззащитный Меланхолик так ужасно мучается с Холериком! Живет, словно испуганно закрывается локтем от его натиска.

Как же быть, если Холерик полюбил Меланхолика? Именно в таком порядке, а не Меланхолик полюбил Холерика, потому что в данной паре любовная инициатива, как правило, принадлежит Холерику.

МОЙ ЛИЧНЫЙ СЕКРЕТ

Оказывается, самая трудная пара — это я и Дима. Ох!.. Неужели это такая страшная картина, что лучше и не заглядывать?.. Честно скажу тебе, Киса, и себе тоже, — мне нелегко. Но я привыкну, обязательно привыкну.

Воскресенье

Теоретически все понятно,
а практически хочется ка-ак дать!

Утром предложила Диме очень хороший план на день. Старалась не наскакивать, как обычно, а действовать исключительно психологично.

— Если ты не очень устал, давай мы сначала поедем гулять в Пушкин, если ты, конечно, не очень устал. Потом быстро пообедаем в одном маленьком ресторанчике, чтобы успеть в филармонию, а уже после филармонии — в гости? А?.. Пойдем-пойдем-пойдем! Ну что ты сидишь, собирайся скорей! А то не успеем сначала погулять, потом в ресторанчик, потом в филармонию, а потом в гости...

— Тебе-то хорошо, тебе еще жить и жить... А вот мне уже немного осталось... — вяло отмахнулся от меня Дима и без сил откинулся в кресле, ласково поглаживая теннисную ракетку.

Честное слово, так и сказал! Если бы я не знала, что Дима — доктор наук, главврач, победитель теннисного турнира «Кубок медиков» в 2004 году, строитель нового корпуса и активно интригует против своих конкурентов из соседней больницы насчет ЯМР, я бы подумала, что он просто сумасшедший. А так я поняла: чтобы совсем не пропасть в совместной жизни со мной, мой любимый меланхолик выбрал такую форму защиты.

— У тебя такой хороший план... Ты поезжай, отдохни... а я тут побуду... один, — с наслаждением добавил Дима. — Я что-то себя неважно чувствую... Может быть, пока тебя нет, на теннис схожу.

Что же мне делать, что?.. Броситься на него и ка-ак дать?.. Или пожалеть? Хоть он и врет, что плохо себя чувствует, а все же жалко его...

— Хотя, конечно, не знаю... — протянул Дима. — В Гонконге грипп начинается, форма А. Я пока не болен, но, конечно, скоро заболею.

...Честно тебе скажу, Киса, мне нелегко. Мне бы хотелось хоть немного подкорректировать темперамент некоторых людей в удобную для себя сторону... Но я понимаю, что тут я бессильна. МЫ НЕ МОЖЕМ ИЗМЕНИТЬ ЧУЖОЙ ТЕМПЕРАМЕНТ, И СВОЙ ТОЖЕ.

Если темперамент и может чуть-чуть измениться, то вовсе не моими стараниями, а только под влиянием жизни в целом. Потому что общество ни за что не оставит без внимания никакие яркие проявления.

Что слышат Холерик и Флегматик, начиная с того времени, как они впервые сталкиваются с обществом в виде воспитательницы детского сада?

Кису всегда притормаживали: «Тише!», «Успокойся!», «Не торопись, ты все успеешь!». А бедного Котика, наоборот, торопили: «Скорей, скорей! Все уже съели кашу, все оделись, все давно уже завязали шнурки...»

Но хуже всех, как всегда, приходится Меланхолику, особенно мальчику. Меланхоличный мальчик отовсюду слышит трубный глас общества: настоящий мужчина — это мачо... Такой брутальный тип — мужественный, сильный, ни в чем не сомневается, идет напролом. Повышенная тревожность, от природы присущая Меланхолику, совсем не свойственна мачо и, следовательно, не одобряется ребятами с нашего двора и гением чистой красоты из 5 А...

«Не ной, не бойся, не переживай по любому поводу, — требует общество и тут же интересуется: — Ты вообще-то мужчина или девчонка, плакса-вакса-гуталин?»

Так что Меланхолик с детства вынужден прибегать к мимикрии, маскировать свою тревожность, чуткость и нежную душу.

Холерику и Флегматику тоже приходится страдать, приспосабливаться, пытаться стать другими и убеждаться, что они никак не могут измениться, и опять пробовать... Но наш истинный темперамент все равно никуда от нас не денется, как моторчик на спине у Карлсона.

———

— Думаю, я тоже меланхолик. Украшение жизни, — небрежно сказал Карлсон и, удовлетворенно похлопав толстенькой ручкой по кипе исписанных листочков, взмыл к потолку. — Я меланхолик, трам-пам-пам, — напевал он, кружась все быстрей и быстрей, — я меланхолик, трам-пам-пам! Очень печальный, трам-пам-пам, очень нежный, трам-пам-пам!

— Да?.. Учти, что все темпераменты одинаково хороши, ни один не лучше и не хуже другого, — заметила я.

— Точно? — подозрительно спросил Карлсон. — Тогда я просто самый лучший.

— Это да, — подтвердила я.

Карлсон спикировал на подоконник.

— Пиши, старайся. Прилечу приблизительно и все проверю.

Понедельник

Громко плачем все

В книге «Трудный подросток» рекомендуется хитрый психологический ход. Нужно делегировать свои полномочия подростку, чтобы он понял, что ему доверяют. Вот я и делегирую Кисе свои полномочия по Котику. Ей будет приятно, что она, взрослая и умная, возглавляет маленького глупого Котика.

— Ты последи, чтобы Котик сделал уроки, а потом я помогу тебе написать сочинение, — предложила я.

Киса скривилась:

— Нет. Не нужно мне помогать. Ты сначала сделай с Котиком уроки, а потом напиши мне сочинение.

Ну вот, опять все я: уроки — я, сочинение — я, книгу для Кисы — тоже я...

А я и так сегодня очень занята — сегодня я сижу на диете и одновременно воспитываю волю. Купила пирожные в булочной «Балтийский хлеб». Буше я съела по дороге домой, так что можно считать, что его и не было.

Остались корзиночки с фруктами, шесть штук, три с клубникой и три с вишнями. Они очень красивые, особенно с клубникой и вишнями. А я голодаю на диете.

Я пошла к Котику и некоторое время, несколько минут, наблюдала, как он решает примеры, а затем нетерпеливо вскрикнула:

— Ну давай же, давай! Сколько будет два плюс три? Скорей! Ну что ты так долго думаешь, я уже давно все решила! Пиши скорей — пять! Написал? Не спи! Теперь доставай тетрадку по русскому. Скорей!.. Мне некогда! Сейчас я тебя научу быстро делать уроки!

Котик, поглядывая на меня, рисовал палочки, а я подбадривала его громкими выкриками: «Быстрей! Вот так! Молодец!», а иногда, выхватывая у него ручку, пририсовывала пару палочек в его тетради и одновременно наслаждалась своим педагогическим даром. Пока совершенно неожиданно для меня не раздался громкий рев Котика.

Когда Киса примчалась в комнату, плакали уже мы оба: Котик рыдал в голос с подвываниями, а я тихонько всхлипывала.

— Ты что издеваешься над ребенком! — закричала Киса, вытаскивая Котика из моих рук.

— Я не издевалась! Я терпела-терпела, но это же невозможно! А все почему? — сквозь слезы оправдывалась я. — Потому что я быстрее рисую палочки, чем он... Он специально меня раздражает! Напишет полпалочки и задумается!..

Быстрей! Еще быстрей!! Вот так!.. Молодец!..
Не реви!.. Ты у меня научишься быть таким
как я!!!

...Хотелось бы хоть немного подкорректировать
некоторых людей в удобную для нас сторону. А как
конкретно это сделать?..

Киса отобрала у меня рыдающего Котика. Я удалилась к себе и сидела там на диете злобным голодным зверем, пока у окна не послышалось знакомое жужжание.

Дима не любит сладкое, Киса из одной корзиночки выковыряла вишни, Котик съел две с клубникой, так что три корзиночки достались Карлсону. А потом у нас с Карлсоном вышел спор о питании.

— Ты как-то негостеприимно на меня смотришь, — заметил Карлсон.

Ну, возможно, я не смогла сдержать в себе голодного злобного зверя... Карлсон протянул мне маленький кусочек последней корзиночки — угощайся!

— Нет! — рявкнула я. — То есть нет, спасибо.

— У тебя проблемы с аппетитом? — спросил Карлсон. — Съешь хоть что-нибудь... Ну попробуй себя заставить...

— Нет! Нет! То есть не беспокойся.

— А у меня тоже сегодня проблемы с аппетитом, — озабоченно произнес Карлсон. — Подумать только, какое у меня хрупкое здоровье — еще за завтраком было все в порядке. Блинки с маслом, сгущенкой... с вареньем. Второй завтрак был так, сущая ерунда... доел блинки... Обед и полдник прошли сравнительно неплохо, а вот сейчас что-то со мной случилось...

Я мстительно улыбнулась:

— Лично я сегодня голодаю на диете, а что касается тебя, мой милый, мой дорогой Карлсон, — вредно есть так много мучного.

— От пирогов не толстеют, — неуверенно возразил Карлсон и незаметно втянул живот.

— Да? А что, по-твоему, дает четыре килокалории энергии на каждый сожженный грамм? Углеводы! А ты знаешь, что представляет собой структурная единица углевода? Молекулу моносахарида, наиболее обычной формой которой является глюкоза...

— Кто здесь консультант по питанию, ты или я? — обиделся Карлсон, и тут я спохватилась. Накричала на Котика, сейчас еще с Карлсоном поссорюсь и тогда вообще останусь совершенно одна.

— Конечно, ты, Карлсон, — кротко сказала я.

Карлсон оживился и выпятил живот обратно.

— Чем меньше ты ешь пирожных, тем больше толстеешь, и сейчас я тебе это докажу. Ты весь день не веселишься, а наоборот, отказываешь себе в самых необходимых пирожных, так?

— Так.

— А сама небось только и мечтаешь, как бы пробраться к холодильнику и наброситься на бедные беззащитные корзиночки... Так?

Я кивнула.

— Ты нервничаешь, — продолжал Карлсон, — и постепенно теряешь человеческий облик и превращаешься в волка, готового съесть бабушку... Скажи, а что ты делаешь на следующий день после голодания?

Я покраснела. Если честно, на следующий день после голодания я просыпаюсь рано, очень рано и...

Карлсон покровительственно похлопал меня по щеке:

— Ну вот, все ясно. Не будем больше ругаться из-за маленького кусочка корзиночки. Съешь его, и дело с концом. Привет!

Карлсон улетел, а я съела кусочек корзиночки (на нем еще оставался вкус клубники) и сразу же почувствовала себя лучше.

Откуда Карлсон знает, что углеводы необходимы для производства энергии? Откуда Карлсон знает, что каждый человек имеет вес и фигуру, позволяющую ему определить массу тела на основе его собственных ощущений? А мои ощущения таковы, что одно маленькое буше, когда есть еще и корзиночки, — это глубокая несправедливость. Откуда Карлсон знает, что любая диета не конструктивна, а есть нужно часто и помногу? То есть часто и понемногу.

Нет, правда, — интервалы между приемами пищи не должны превышать трех-четырех часов, и я могла бы каждые три-четыре часа съедать по корзиночке... А насчет того, чтобы есть понемногу, — я и так сегодня съела одно буше и кусочек корзиночки. За целый день голодания на диете это вполне понемногу.

А откуда Карлсон знает, что еда — это самое лучшее средство против стресса? Когда человек ест, он так занят, что не нервничает.

...Я услышала у своей двери какой-то шорох и подняла глаза. Из-под двери выползал листок бумаги. Письмо! Мне! Интересно, от кого?

В письме было написано:

«Признайся хотя бы, что ты была не мать, а безобразие. Ты тоже ведешь себя плохо, а не только я. Эх ты, а еще учишь меня обращаться с меланхоликами. Если еще напишешь, ладно уж, суй под дверь».

Теперь я не так уж голодна и смогу написать о том, КАК УЖАСНО НЕПРАВИЛЬНО я обращалась с бедным Котиком.

Вторник

Флегматик, или Спокойствие, только спокойствие

Достоинства Флегматика так велики, что лично я, Катя, хотела бы быть Флегматиком, потому что палочки у Флегматика обычно выходят ровные, в ряд, просто загляденье. Не то что у Холерика, который, отталкивая Флегматика локтем, быстро-быстро пристраивает рядом свои клонящиеся в разные стороны кривули.

Флегматик всегда как будто немного спит наяву. Время специально для него течет медленней, чем для остального человечества, и Флегматику кажется, что он обязательно всюду успеет. Как будто ВСЕ на свете сказало ему: «Не торопись, друг мой, мы тебя подождем», даже поезд, даже самолет... Такой он задумчивый, медлительный, неторопливый, что Холерика так и тянет его пощипать: «Эй, ты, проснись, а то я не играю!»

Флегматики разбивают мир на блоки и тяжело ворочают. И желательно, чтобы окружающий мир ни гу-гу. Хотя они не особенно этот окружающий мир замечают.

Холерик чаще всего вертляв и непоседлив, а Флегматик ужасно неповоротлив и в целом, как внешне, так и поведением, напоминает джип-внедорожник, работающий на дизельном топливе. Долго заводится, тарахтит, нагревается, затем потихоньку трогается. Но зато потом ка-ак поедет! И уж тогда Флегматику безразлично, какие препятствия встретятся на его пути.

Флегматик не слишком хорош, скорее даже плох в стрессовой ситуации. Если на пути Флегматика неожиданно попадается экстремальная ситуация или просто что-то новое, требующее быстрого реагирования, то его первая реакция — удивленно замереть. И опять все сначала — разогреться, завестись, потарахтеть, медленно разогнаться, набрать скорость и ка-ак поехать...

У Флегматика очень странные отношения со своими неудачами и ошибками. Все остальные, НЕ Флегматики, учатся и на чужих ошибках, и на своих — у кого как получится. О том, чтобы Флегматик учился на чужих ошибках, глупо даже говорить. О том, чтобы Флегматик учился на своих ошибках, тоже глупо говорить. Он не настолько замечает свои ошибки, чтобы сделать какие-то выводы. Флегматик, единственный из всех типов темперамента, с маньяческим упорством наступает на одни и те же грабли. При этом он всякий раз уверен, что это не грабли, а просто что-то случайно валяется у него на пути. Наткнувшись на это что-то и испытав знакомую боль, Флегматик удивленно констатирует: надо же, все-таки грабли... Это не потому, что он глуповат, ни в коем случае, Флегматики, как правило, обладают высоким интеллектом, — просто темперамент такой, ничего не поделаешь.

Зато у Флегматика есть Цель. Он эту Цель для себя сформулирует и четко бьет в одну точку. Это очень здорово. Кроме Флегматика никто на такое постоянство, преданность и выдержку не способен.

В любви с Флегматиком есть свои прелести и свои сложности. Флегматики с трудом говорят «я тебя люблю». Это для них очень много значит. К тому же пока Флегматик поймет, что любит, столько времени уходит...

Флегматики — самые верные мужья, они обычно не спешат переменить свою жизнь, потому что долго принимают решения и к любым изменениям привыкают тяжело. Не считая тех случаев, когда они все-таки уходят. В этом смысле Флегматик куда хуже Холерика: Холерик с той же скоростью бежит как туда, так и обратно, а если Флегматик нагрелся, завелся и ушел, то уже не вернется.

Холерик и Флегматик недаром считаются лучшей парой: Флегматику не придет в голову самому разнообразить свою любовную жизнь мелкими драмами, а вот Холерик может всласть покататься с ним на любовных качелях. Только с Флегматиком Холерик может найти достойное применение своему артистическому дару и как следует разгуляться. Флегматик многое терпит и в глубине души восхищается непредсказуемостью своего милого Холерика. К тому же Холерики часто бывают раздражительными и без причин пощипывают своего партнера. А если Холерик походя ущипнет Флегматика, тот может этого щипка просто не заметить. Иногда Холерик годами играет с Флегматиком в перетягивание любовного каната: «приходи-уходи, люблю-ненавижу», а Флегматик не придает этому значения. Но Холерику все равно интересно с ним играть — ему со всеми интересно.

Любить Флегматика легко, для этого требуется всего лишь одно — нечеловеческое терпение.

Среда

Как правильно любить Флегматика

ПРАВИЛО ПЕРВОЕ

Если мы хотим вызвать у Флегматика интерес к себе или же у нас далеко идущие на него планы и мы мечтаем, чтобы Флегматик нас полюбил, нет лучше способа, чем навести его на разговор о прошлом. Флегматик с радостью подробнейшим образом расскажет нам о своей двоюродной прабабушке или обо всех перипетиях своего бизнеса со времени его возникновения восемнадцать лет назад. Этот беспроигрышный путь приручения Флегматика особенно удобен, если у нас параллельно много других дел: пока Флегматик рассказывает, мы успеем сделать все свои дела. От нас всего-то и требуется, чтобы Флегматик не заметил, что мы его не слушаем.

Здесь еще нужно иметь в виду, что над Флегматиком лучше не подшучивать, — вообще-то, Флегматики хорошо понимают юмор, только не сразу.

ПРАВИЛО ВТОРОЕ

— А что, уже надо решать? — вздыхает Флегматик в ответ на простые вопросы бытового плана типа «Пойдем в кино?».

И как с таким человеком жить?! А уж тем более, как с таким человеком жить Холерику?..

Если Флегматик уже нас любит и нам хочется сдвинуть его с места и хотя бы как-то использовать в разных прагматических целях, то это тоже возможно: необходимо простым человеческим языком выразить понимание его проблем. Флегматики, как никто другой, ценят внешние признаки уважения к себе. Демонстрируя Флегматику наше всяческое уважение, мы можем добиться от него практически ВСЕГО.

ПРАВИЛО ТРЕТЬЕ

Не торопить Флегматика. Ни в коем случае не говорить Флегматику: «Нет-нет, только не задумывайся, принимай решение не сходя с места — прямо сейчас — при мне!» А то он, как черепаха из анекдота, скажет: «Раз так, я вообще никуда не пойду...» И это еще будет неплохим вариантом развития событий, в худшем случае Флегматик может просто впасть в ступор и долго делать вид, что нас нет.

Обижаться на Флегматика абсолютно бессмысленно — все равно что подпрыгивать, пытаться укусить великана и ждать его реакции. Флегматик наших мелких укусов не замечает. Но если количество мелких укусов переходит в серьезное качество — в обиду или оскорбление, страшно представить себе, как он может поступить... Может даже оставить нас — раз и навсегда. А мы побежим за ним, недоуменно спрашивая: «Что я тебе сделала, что я такого сделала!..» Так что лучше мы не будем с Флегматиком заигрываться.

Да... любить Флегматика тяжело, так тяжело, словно в одиночку толкаешь перед собой дореволюционный платяной шкаф... Но шкаф, то есть результат, стоит того. Потому что Флегматики — милые ребята: искренние, надежные и рассудительные, без глупостей.

Холерику лучше всего с Флегматиком. Холерик скачет и рвется вперед, а Флегматик его придерживает, и вместе им хоть и нелегко, но сладко и безопасно.

Если, конечно, это не глупая голодная я и маленький задумчивый Котик, беззащитный перед моей глупостью и голодом. Надеюсь, что Котик не будет долго на меня сердиться — я же просто забыла правила любви к флегматику, потому что я холерик.

— А я сегодня голодала на диете! — быстро похвасталась я Диме, пока он снимал куртку в прихожей.

Дима вяло кивнул. Никакого восторга, или одобрения, или вежливого «зачем тебе голодать, ты и так ничего». Чего от него ждать — меланхолик и флегматик в одном лице. И все это, страшно подумать, досталось мне одной!

Выскочила Киса, незаметным движением отпихнула меня от Димы и заслонила собой. Ей это легко, она высокая, выше меня...

— А я сегодня получила три двойки! — похвасталась Киса. — Может быть, тебя даже вызовут в школу... И еще я буду играть Принцессу в спектакле... Главная роль, представляешь?

Я точно знаю: Киса все врет, нет у нее никаких двоек, а есть совершенно не драматичные отметки — тройка по алгебре за контрольную и четверка за доклад по биологии. Я сама писала этот доклад и не понимаю, почему мне четверка?

Уж извини, Кисочка, но ты очень яркий холерик, даже с элементами истеричности. Тебе все равно — пятерки или двойки, лишь бы Дима обратил внимание на тебя, а не на меня... Зато ты можешь стать замечательной актрисой, на сцене или в жизни.

И конечно, сразу же все Димино внимание на Кисины двойки и роль в спектакле. А мне всегда приходится сдерживаться и отходить на второй план, потому что я холерик-ангел.

Я незаметным движением отодвинула Кису от Димы и заслонила собой. Мне это нетрудно, я шире ее...

— А я сегодня написала целую главу про... ну, в общем, о пользе голодания в холоде, — объявила я. — Так много написала, что у меня даже глаза болят.

— У меня тоже глаза болят, — мгновенно вмешалась Киса.

— Девочки, не ссорьтесь. У вас школьная близорукость и возрастная дальнозоркость, — сказал Дима и раздраженно добавил: — Вы обе, не могли бы вы говорить потише? И помедленней? Я имею в виду, не могли бы вы не верещать такими противными голосами?

Мы с Кисой хором сказали что-то протестующее, и Дима сморщился, словно от зубной боли.

— Пойдем со мной, — задумчивым баском позвал его Котик, медленно роняя слова, — пойдем, я тебе расскажу сказку. Ты будешь есть, а я буду рассказывать...

Дима облегченно вздохнул:

— Вот так нужно говорить, тихо, спокойно... А вы, девочки, все время тараторите, как будто пилой по нервам...

...Пилой по нервам?!. А еще невропатолог, доктор наук!

Четверг

Работа над ошибками

Дело в том, что у Холерика и Флегматика разный темп речи. У Холерика быстрый, а у Флегматика медленный. И это очень важно, потому что Флегматик, особенно уставший Флегматик, сильно раздражается, что Холерик частит и тараторит. Поэтому даже если Холерик не наскакивает, Флегматику все равно кажется, что он наскакивает. Хотя Холерик всего лишь хочет рассказать, как прошел день.

Наша с Кисой речь просто немного возбужденная, как у всех холериков, а вовсе не похожа на звук пилы. А Диме кажется, что ПОХОЖА, и из-за этого кажется, что его дергают, теребят...

Насчет пилы — это чистой воды придирка.

Если Холерик хочет, чтобы Флегматик не раздражался и лучше его понимал, ему нужно постараться хотя бы немного замедлить свой темп речи.

Но, с другой стороны, почему всегда я? Пусть Флегматик тоже подстраивается под меня — убыстряет свой темп речи. Кому больше надо, тот пусть и подстраивается и вообще беспокоится.

...Но тут есть один очень важный момент: А КОМУ БОЛЬШЕ НАДО? Кто должен подстраиваться?

Тот, кто больше любит? Это сложно определить, мы с Димой все-таки уже взрослые люди, и это не так очевидно. Тем более у нас брак по расчету.

Тогда тот, кто важнее? Кто у нас главный врач большой больницы, строитель нового корпуса и добыватель ЯМР с сосудистой программой?.. Не я... Но я тоже не ерунда, я автор бестселлеров о питании и друг Карлсона.

Так кто же отвечает за спокойствие, понимание и все такое, я или Дима?

...Неужели все-таки я?..

Понедельник

Холерик,
или Я не прочь слегка поразвлечься

Распознать Холерика легко, иначе говоря, если мы с Кисой не спим, нас сразу видно.

Холерик всегда внутренне и внешне немного подпрыгивает и подрагивает, как будто его слегка лихорадит. Не в том смысле, что у него температура и ему нужно срочно проверить рефлексы, а просто это его обычное состояние. Холерику самому нелегко с собой управляться, ведь вокруг него столько интересного, и во всем этом интересном он должен немедленно принять участие.

Ура, жужжание!

— Я лучший в мире холерик, ура! — Карлсон спикировал сверху и уселся на краешек стола. — А давай играть, как будто твой компьютер — это корабль! Небольшой такой кораблик в открытом море... Всего-то и нужно, немного полить его сверху водой, так, чтобы он весь потонул

в волнах! А мышка будет спасательной шлюпкой, и мы...
Давай прямо сейчас, а?..

Больше всего Холерик не любит ждать. Честно говоря, он вообще не в состоянии ждать, особенно он не в состоянии ждать приятных событий, неприятных событий, а также любых других событий. Когда придет Дед Мороз и другие гости, или день рождения, или поезд в метро — все это вызывает у Холерика такие эмоциональные реакции, как постукивание ножкой, подергивание ручкой и хитроватое поглядывание по сторонам с целью хотя бы немного поразвлечься.

У Холерика возбуждение превалирует над торможением, и это значит, что он не всегда волен в своих действиях. Как ребенок, который тянет ручкой край скатерти. Ребенок же твердо знает, что это нельзя, и знает, что накажут, но... чашки и тарелки полетят на пол с таким чудным грохотом, что... кто же может себя сдержать? Во всяком случае, не Холерик. И не Карлсон. Карлсон, конечно же, не чистый Холерик, но достаточный, чтобы назвать его Холеричным Карлсоном. Не думаю, что дальше стоит его так называть, — а что, если он обидится?..

Карлсон подошел к книжной полке Малыша и вытащил стоявшую там игрушечную паровую машину.
— Давай запустим ее, — предложил Карлсон.
— Без папы нельзя, — сказал Малыш. — Машину можно запускать только вместе с папой или Боссе.

— С папой, с Боссе или с Карлсоном, который живет на крыше. Лучший в мире специалист по паровым машинам — это Карлсон, который живет на крыше. Так и передай своему папе! — сказал Карлсон.

Он быстро схватил бутылку с денатуратом, которая стояла рядом с машиной, наполнил маленькую спиртовку и зажег фитиль.

Поскольку ждать Холерику трудно, он начинает действовать в тот момент, когда еще ничего не происходит. Ничего не происходит, а Холерик уже действует — лезет и лезет в гущу события, которое еще не началось. Например, любимый певец вышел на сцену, но еще и рта не успел раскрыть. А Холерик уже упоенно подпевает из партера мимо нот.

...Не прошло и секунды, как паровая машина заработала. «Фут, фут, фут...» — пыхтела она. О, это была самая прекрасная из всех паровых машин, какие только можно себе вообразить, и Карлсон выглядел таким гордым и счастливым, будто сам ее изобрел.

— Я должен проверить предохранительный клапан, — вдруг произнес Карлсон и принялся крутить какую-то маленькую ручку. — Если не проверить предохранительные клапаны, случаются аварии.

«Фут-фут-фут... — пыхтела машина все быстрее и быстрее. — Фут-фут-фут!..» Под конец она стала задыхаться, словно мчалась галопом. Глаза у Карлсона сияли.

А когда Холерик наконец дождался и все самое интересное, ура, началось, становится нелегко людям, которые рядом с ним. Холерик уже некоторое время действует, но все еще не вполне осознает свои действия. Это не означает, что Холерик не в себе, просто... ну, просто у него всегда небольшой туманчик в голове.

— Она взорвалась! — в восторге закричал Карлсон, словно ему удалось проделать с паровой машиной самый интересный фокус. — Честное слово, она взорвалась! Какой грохот! Вот здорово!

Холерик — типичный первый ученик. Он быстрей всех тянет руку и выше всех подскакивает, чтобы его заметили. Ответа он, скорей всего, не знает, но это для него не главное.

Ну и какой же тогда с Холерика спрос? Тем более что у Холерика есть свои достоинства, очень важные.

Холерику легко бросить начатое дело и тут же переключиться на другое. Такое его качество бывает очень удобным. Это не все умеют. Некоторые Флегматики начнут, к примеру, смотреть кино по телевизору. Уже всем ясно, что плохое кино, скучное, а они все смотрят и смотрят... уже все вокруг изнывают — давай, говорят, лучше пойдем гулять или хотя бы переключим канал, а они — нет, ни в какую. А вот Холерик всегда готов переключиться с кино на новости, с изучения научного труда на беготню в маскарадном костюме.

Или возьмем скорость реагирования и быстроту действия — все-таки это часто бывает немаловажно. Пусть кто-нибудь попробует за несколько часов перед Новым годом поручить Флегматику сделать салат оливье. Когда этот кто-нибудь вернется домой и захочет сесть за стол и проводить Старый год, он обнаружит, что Флегматик уже почти окончательно готов приступить к разрезанию моркови на две идеально ровные полоски. Вот тогда этот кто-нибудь вспомнит нас с Кисой добрым словом. Холерики все сделают быстро. Очень быстро. Очень-очень быстро. Хотя, возможно, качество слегка пострадает. Пусть этот кто-нибудь, любитель кулинарии, объяснит Холерику, что залог успеха в приготовлении сложного соуса в том, чтобы все компоненты пожарить отдельно — и лук, и чеснок, и морковь, и помидоры. Холерик послушно кивнет головой, а когда любитель кулинарии отвернется, одним быстрым движением бухнет все вместе и останется очень собой доволен.

Холерик может так звонко и ярко выразить свои эмоции, как никто другой, и как никто другой повести всех за собой — это большой плюс. Особенно Холерик любит вести всех в прекрасное будущее. Но не слишком далеко, потому что по дороге он на что-нибудь отвлечется. Если хорошенько подумать, это еще один большой плюс. Флегматики, например, могут завести в такие дали, что и не выберешься.

И еще, то ли преимущество, то ли недостаток, — у Холерика нет прошлого. Не в том смысле, что Холерик — ничейный найденыш, а просто он совсем не интересуется прошлым, у него категорически нет на это времени. И, в отличие от Меланхолика, Холерик не склонен к бесплодным размышлениям — зачем?.. Холерик весь устремлен в будущее. И если на его пути в будущее встретятся препятствия, он может рассердиться, как дитя. Может даже впасть в ярость.

Холерик стремится быть на виду. Поскольку выплеск эмоций требует зрительского восторга, то самое неприятное для Холерика — это когда его отодвигают с площадки.

— Знаешь, Карлсон, — сказал Малыш, — послезавтра я уезжаю к бабушке на все лето.

Карлсон сперва помрачнел, а потом важно произнес:

— Я тоже еду к бабушке, и моя бабушка гораздо больше похожа на бабушку, чем твоя.

— А где живет твоя бабушка? — спросил Малыш.

— В доме, а где же еще! А ты небось думаешь, что она живет на улице и всю ночь скачет?

Не то чтобы Холерику всегда хочется быть лучшим, ему, скорее, необходимо ощущать, что он, лучший ли, худший, но в центре внимания. В своем желании быть первым Холерик ни за что не уступит даже самому близкому другу, с которым только что встретился после каникул.

— Моя бабушка... очень хорошая, — сказал Малыш. — Она обнимала меня крепко-прекрепко.

Карлсон перестал жевать:

— Уж не думаешь ли ты, что моя бабушка любит меня меньше? Уж не думаешь ли ты, что она не кинулась на меня и не стала так крепко-прекрепко меня обнимать, что я весь посинел?

С Флегматиком и Меланхоликом Холерику делить нечего, а вот парочка Холериков может быть очень конфликтной.

Частой причиной ссор в паре Холериков может быть то, что один из них блистал остроумием, привлекая к себе внимание компании, а другой, соответственно, томился и тосковал на периферии.

И еще один тонкий момент, как бы получше выразиться... В общем, Холерик... Нет, ну не то чтобы «соврет — недорого возьмет», но в общем, да, может и соврать. Не специально, не для собственной выгоды, а исключительно в бескорыстном стремлении драматизировать скучноватую действительность. Или возьмет и преувеличит что-нибудь от переизбытка эмоций.

— У меня там, наверху, несколько тысяч паровых машин.

— У тебя есть домик на крыше? — переспросил Малыш. — И несколько тысяч паровых машин?

— Ну да. Уж сотни две наверняка.

— А у тебя там на крыше много картин? — спросил Малыш.

— Несколько тысяч. Ведь я сам рисую в свободное время. Я рисую маленьких петухов и птиц и другие красивые вещи. Я лучший в мире рисовальщик петухов, — сказал Карлсон и, сделав изящный разворот, приземлился на пол рядом с Малышом.

Другие люди, НЕ Холерики, обычно бывают обескуражены, поймав своего Холерика на вранье. В точности как Малыш, когда он наконец-то попал в домик Карлсона на крыше.

— А где же твои паровые машины?

— Гм... — промычал Карлсон, — мои паровые машины... Они все вдруг взорвались. Виноваты предохранительные клапаны. Только клапаны, ничто другое. Но это пустяки, дело житейское, и огорчаться нечего.

Малыш вновь огляделся по сторонам.

— Ну, а где же твои картины с петухами? Они что, тоже взорвались? — язвительно спросил он Карлсона.

— Нет, они не взорвались, — ответил Карлсон. — Вот, гляди... Картина называется «Очень одинокий петух»...

Малыш посмотрел на этого крошечного петушка. А ведь Карлсон говорил о тысячах картин, на которых изображены всевозможные петухи, и все это, оказывается, свелось к одной красненькой петухообразной козявке!

Считает ли Холерик эти свои ложные сведения, или, говоря проще, свое вранье, невинным украшением жизни, верит ли сам в свои выдумки? Это тайна, известная только Холерику.

С этой его склонностью все изрядно приукрасить мы, как и со всем остальным, ничего не можем поделать. Единственное, что мы можем сделать, — доверять, но проверять, а также фильтровать полученную от Холерика информацию, чтобы внезапно не обнаружить, что созданные его богатым воображением многие тысячи петухов свелись к одному очень одинокому петуху, хоть и нарисованному лучшим рисовальщиком петухов в мире.

Итак, вот он, наш милый Холерик. Он очень живой и эмоциональный человек, даже артистичный, но почему он всегда такой возбужденный?! Он же скоро начнет стулья из окна выкидывать, в переносном, конечно, смысле. Превратит нашу жизнь в кошмар. В перманентный театр одного актера. И мы начнем сердиться, одергивать его и вообще любить его неправильно. Между тем любить Холерика совсем не трудно. Любовь к Холерику, как и ко всем остальным, не требует специальных психологических знаний, а только восхищения, прикрытых глаз и заткнутых ушей.

Вторник

Как любить Холерика

ПРАВИЛО ПЕРВОЕ

Не замедлять Холерика, не вставать на его пути — пусть бежит. Ни в коем случае не говорить ему: «Нет-нет, это никак нельзя». Или: «Это совершенно невозможно». Или строго: «Обдумай хорошенько, и затем мы все спокойно обсудим». Или, того хуже, вялым голосом: «Куда ты торопишься, милый, давай лучше подождем». Холерик может рассердиться и даже напасть на нас. Может на минуточку выйти из нашей жизни и тут же начисто про нас забыть, ведь вокруг столько интересного.

И еще. Не стоит мечтательно говорить Холерику: «А помнишь, как тогда было замечательно?..» — и вообще любыми способами возвращать его в прошлое. Потому что Холерик уже давно живет в будущем, в которое другие, НЕ Холерики, еще и не заглядывали.

ПРАВИЛО ВТОРОЕ

Научиться ссориться. Ссора для Холерика как витаминная горошинка. Он часто сам провоцирует ссору, не потому что не любит нас, а исключительно с целью хоть немного разнообразить жизнь. Ссора — это искусство со стороны Холерика и ряд несложных заученных приемов со стороны любого другого, НЕ Холерика.

а) Холерика можно поругать. В отличие от Меланхолика на него можно даже прикрикнуть, поскольку Холерик приветствует любое внимание к своей персоне. Холерик так страстно хочет быть в центре внимания, что можно даже иногда швырять в него вазочками.

— Какое у вас красивое блюдо! — воскликнул Карлсон и снова подбросил его к потолку. — Точнее сказать, у вас было красивое блюдо, — поправился он и наклонился, чтобы собрать осколки. — Ну ничего, это пустяки, дело житейское...

Но мама услышала, как блюдо стукнулось об пол и разбилось. Она как следует отшлепала Карлсона и сказала:

— Это было мое любимое блюдо, а вовсе не пустяки и не дело житейское.

...Карлсон сунул руку в карман, вынул пятиэровую монетку и протянул ее маме:

— Я сам плачу за то, что бью. Вот! Пожалуйста! Купи новое блюдо, а сдачу можешь оставить себе. Знаешь что, купи на оставшиеся деньги несколько дешевых вазочек и швыряй ими в меня, когда снова будешь сердиться.

б) Быть готовым к бурной реакции — слезам, рыданиям, угрозам уйти навсегда. Не принимать обидные слова вспыльчивого Холерика трагически. Его «уйду навсегда», как правило, может оказаться «навсегда до ужина». Переживания Холерика яркие, сильные, но он легко переходит от искреннего гнева к искреннему же веселью.

в) Не «наказывать» Холерика отдельным наказанием за несдержанность в ссоре и не упрекать его за бурные детские реакции вместо вежливых взрослых. Разбираться с ним по сути, не примешивая к ссоре вопросы его поведения, не добавлять: «Почему ты кричал, рыдал и плевался огнем?! Неужели нельзя спокойно...» Нельзя. Спокойно нельзя. Мы никогда не добьемся от Холерика, чтобы он вел себя «прилично».

ПРАВИЛО ТРЕТЬЕ

Самую большую угрозу для нашей любви к Холерику представляет то, что он может первый нас разлюбить. Если мы ему наскучим, изменчивый импульсивный Холерик умчится от нас за новыми яркими впечатлениями.

Все дальнейшее звучит так, словно имеешь дело с капризным ребенком:

— стараться разнообразить его досуг,

— ни в коем случае не требовать от него монотонных действий

— и не считать, что он нас разлюбил, если ему покажется невыносимым полоть вместе с нами грядку с укропом или целый день наслаждаться покоем, валяясь на диване с пультом от телевизора.

СЕКРЕТ

Нам ничего не остается, как научиться притворяться. Говорить: «Милый, твое предложение поехать после обеда в Африку или в ближайшую пятницу жениться на другой — просто супер!» Нам все равно не придется долго ждать, когда Холерик переключится на другую затею, ничуть не хуже предыдущей.

Любовь к Холерику может быть чрезвычайно утомительным делом. Но зато он чудо как хорош, хотя бы потому, что с ним никогда не заскучаешь. С кем, с кем, а с Холериком можно смело рассчитывать на разнообразие любовной жизни — на смерчи, взлеты и падения.

И хотим мы этого или нет, мы будем вынуждены хорошенько порезвиться с Холериком. А то он не играет.

Среда

Дима и Киса должны правильно любить меня, чтобы я от них не умчалась навсегда

Собираюсь размножить «правила любви к Холерику», то есть ко мне, и разложить по дому на видных местах. Чтобы Дима помнил, что он не должен меня останавливать в поиске новых впечатлений в театрах и кино, в садах и парках, — хотя бы в субботу и воскресенье. Что я не терплю, когда мне предлагают провести день у телевизора, замедляют мой бег, что я... В общем, пусть постоянно сверяется с «правилами».

Киса должна делать то же самое.

Но мы же с Кисой два холерика в одной берлоге... Может быть, поэтому нам и трудно вместе?

Кто должен придержать свой темперамент, она или я? Пусть Киса, она выше меня. Но, с другой стороны, я толще... И старше.

...Неужели я, опять я, всегда я... Но я же не для того выходила замуж по расчету, чтобы умчаться от них навсегда.

Четверг

Кто быстрей
уползет из кухни

— Ты что, собираешься заставить меня, лучшего в мире холерика, полоть грядку с укропом? — подозрительно спросил Карлсон. — Тогда мне пора по делам. И никогда не пытайся подсунуть мне пульт от телевизора! Мне надо, чтобы было весело и забавно, а то я не играю.

Карлсон вылетел в окно, покружил над крышей и вернулся.

— Эй, а про домомучительницу-то мы забыли!

Ой, и правда, я совсем забыла про Сангвиника.

Фрекен Бок — вот кто настоящий Сангвиник.

— А-а, понятно. Ты можешь немного передохнуть, а про этого Санвиника расскажет лучший в мире писатель... — с гордым видом произнес Карлсон, ткнув себя пальцем в грудь.

Наверное, Карлсон когда-то случайно залетел на заседание какого-нибудь научного общества, потому что он встал на стул, как на кафедру, заложил руки за спину и, кашлянув, профессорским экающим тенорком начал свою речь:

— Э-э... ну что вам сказать про Санвиника... Нос Санвиника похож на огурец... Да, придется признать, что Санвиник — это не первая в мире красавица. Что еще характерно для Санвиника? Э-э, как вам сказать... блинки, плюшки, мясной соус на вкус, как лисий яд, и... Ах да, еще приветливая улыбка людоедки. При правильном обращении Санвиник может стать бодрой и игривой, как морской лев, и показать неплохую скорость в беге с выбивалкой для ковров.

— Обычное состояние Сангвиника — активное бодрствование, спокойная мобилизация, — подсказала я. — У Сангвиника нет недостатков, одни достоинства.

— Это домомучительница без недостатков?! — Карлсон взмыл к потолку и возмущенно замахал в воздухе толстенькими ручками. — А кто, по-твоему, деньги за плюшки дерет, а корицу жалеет?! Может быть, я?!

— Я имела в виду, что у Сангвиника все в меру, — извиняющимся тоном сказала я, — он не возбуждается без дела, не замирает в задумчивости, не куксится, не...

— Это я. Это мой портрет, — убежденно сказал Карлсон, — это я спокойная мобилизация без недостатков, это я активно бодрствую все время, пока не сплю, это я не замираю, не куксюсь...

———

У Сангвиника действительно внушительный список замечательных качеств, главные из которых — жизнерадостность, непринужденность и нежелание сосредотачиваться на темных сторонах жизни. Но Сангвиник не должен думать, что Меланхолик, Холерик и Флегматик — досадное недоразумение, специально созданное природой, чтобы его раздражать. Темперамент — генетическое свойство, то есть каждый родился и назло нам живет со своим темпераментом, ничего не поделаешь... Так что Сангвинику лучше не гордиться таким удачным собой, а расслабиться и любить других уж такими как есть.

К тому же неверно считать, что Сангвиник — сочетание одних достоинств. У него тоже есть слабости, например пониженные пороги чувствительности. Это означает, что он не слишком боится опасности, недостаточно чутко наблюдает за окружающим миром и часто неважно ориентируется в жизненном пространстве. В отличие от Меланхолика, который всегда начеку и на всякий случай приглядывает за окружающим миром, Сангвиник НЕ БОИТСЯ И НЕ СМОТРИТ ВОКРУГ ОЧЕНЬ ВНИМАТЕЛЬНО. У Сангвиника не слишком развито воображение, ему бывает трудно сосредоточить внимание, и поэтому он может стать более легкой мишенью для всяческих неприятностей. Если предположить, что Сангвиник и Меланхолик идут по жизни как по темной улице, то Меланхолик представляет себе разные ужасы и ловит малейшие шорохи, а Сангвиник даже не предполагает, КАК МОЖЕТ БЫТЬ УЖАСНО СТРАШНО.

Опасливый Меланхолик ни за что не ответил бы, как фрекен Бок.

— А вы, фрекен Бок, боитесь привидений? — осведомился Малыш.

— Наоборот, — ответила она. — Я так давно о них мечтаю!

Ну и, конечно, отсутствие воображения и страха перед привидениями делает Сангвиника более уязвимым.

Сангвиник составляет хорошую пару со всеми. Он не наскакивает на тихого Меланхолика, нейтрализует беспокойного Холерика и слегка подталкивает Флегматика.

А вот для пары, состоящей из двух Сангвиников, существует реальная опасность — монотония, иначе говоря, Сангвиники могут наскучить друг другу. Потому что ничто так не утомляет, как совершенство, тем более взаимное.

Сангвиник может быть настоящим лидером. То есть ХОТЕТЬ стать лидерами могут все, но они не особенно в состоянии БЫТЬ лидерами. Флегматик всегда знает, как сделаны часы и как работает каждый винтик, но не всегда знает, который час; Холерику безразличен механизм, и его часы спешат; Меланхолик печалится, что время идет... А лидеру нужно не грустить и все знать — и про механизм, и который сейчас час.

Конечно, не каждый Сангвиник хочет стать лидером, Сангвиник — лидер по своим возможностям, а не по амбициям.

Только Сангвиник, единственный из всех типов темперамента, адекватно ведет себя в стрессе и мгновенно соображает, что нужно делать, если он вдруг попадает в экстремальную ситуацию. Например, встречается с малюткой привидением из Вазастана, маленьким, но ужасно, ужасно опасным.

— Пошли, — шептала фрекен Бок, все еще задыхаясь, — пошли скорее, мы спрячемся в спальне.

Малыш сопротивлялся: нельзя же допустить, чтобы все сорвалось теперь, после такого удачного начала! Но фрекен Бок упрямо стояла на своем:

— Ну, живей, а то я сейчас упаду в обморок!

Вот это уже чистое вранье! Сангвиник и не думает падать ни в какой обморок, в отличие от Меланхолика, который упал бы в обморок с удовольствием. В стрессе Меланхолик пугается и закрывает глаза руками, поскольку не умеет отделить частный промах от крушения; Холерику мешает адекватно реагировать на стресс излишнее возбуждение; Флегматик цепенеет и затихает.

И только Сангвиник действует быстро, спокойно, героически — он прячется от маленького, но ужасно опасного привидения и ловко строит баррикаду из стульев, комода и этажерки.

✺

И как Малыш ни сопротивлялся, ему пришлось тащиться в спальню. Окно и там было открыто, но фрекен Бок кинулась к нему и с грохотом его запахнула. Потом она опустила шторы, задернула занавески, а дверь попыталась забаррикадировать мебелью. Было ясно, что у нее пропала всякая охота иметь дело с привидением, а ведь еще недавно она ни о чем другом не мечтала.

В этом весь Сангвиник. Он принимает поражение и даже полный крах своих мечтаний и не тратит время на бесполезные стенания, не предается бесплодным сожалениям о несостоявшемся, но не сгибается бессильно под ударами судьбы, а быстро и по-деловому соотносит себя с реальной обстановкой.

Впрочем, в одном отдельно взятом стрессе многие могли бы собраться с силами, забаррикадироваться комодом и облегченно вздохнуть — и Холерик, и Флегматик, и Меланхолик. Ну а если стрессы быстро следуют друг за другом, как повторяющиеся пулеметные очереди, тогда что? Тогда у всех проблемы... И лишь Сангвиник сохраняет активную способность к действиям — вот такой уж он от природы устойчивый.

— Ну вот, теперь, я думаю, мы можем быть спокойны, — сказала фрекен Бок с удовлетворением.

Но тут из-под папиной кровати раздался глухой голос, в котором звучало еще больше удовлетворения:

— Ну вот, теперь, я думаю, мы можем быть спокойны! Мы заперты на ночь.

И маленькое привидение стремительно, со свистом вылетело из-под кровати.

— Что случилось? — спросило привидение. — Мебель сами двигаете, да неужели помочь некому?

И привидение разразилось долгим глухим смехом. Но фрекен Бок было не до смеха. Она кинулась к двери и стала расшвыривать мебель. В мгновение ока разобрав баррикаду, она с громким криком выбежала в переднюю.

Так они носились по всей квартире — впереди скакала фрекен Бок, а за ней мчалось привидение: в кухню и из кухни, в столовую и из столовой, в комнату Малыша и из комнаты Малыша...

Сангвиник реагирует разумно и целенаправленно и даже в самую драматичную минуту не теряется, а переходит к доступным ему практическим действиям.

...В конце концов фрекен Бок споткнулась о таз и с грохотом упала. Весь пол был залит водой, а посреди огромной лужи барахталась фрекен Бок. Не пытаясь даже встать на ноги, она удивительно быстро поползла из кухни.

Но быстро действовать в стрессе: расшвырять мебель или уползти из кухни и запереться от привидения в ванной — это еще не все.

Важно правильно выйти из стресса: закрывшись в ванной, прийти в себя, оглядеться и начать активно жить дальше.

Меланхолику потребуется много времени, чтобы отдышаться и заново пережить весь этот ужас; Флегматик еще не окончательно разобрался в том, что за привидение и привидение ли это; Холерик находится в сладком бессознательном тумане.

Сангвиник выходит из стресса лучше всех остальных. Почувствовав себя в безопасности, он тут же возвращается к активной деятельности по устройству жизни — стелит все полотенца на дно ванны и собирается ложиться спать. А перед сном совершенно пришедший в себя Сангвиник принимается строить планы на будущее: вот теперь-то его ждет слава, его непременно пригласят на телевидение, и он расскажет о маленьком, но ужасно опасном привидении всему народу.

Это очень характерно для Сангвиника — он не отличается глубиной эмоциональных переживаний, зато не ропщет на жизненные сложности, а пытается извлечь из ситуации все, что возможно.

— Ладно, хватит уже хвалить домомучительницу, — недовольно сказал Карлсон. — Согласись, что я тоже не сгибаюсь под ударами судьбы! Если меня выставляют с парадного хода, я всегда возвращаюсь с черного, чтобы съесть хотя бы несколько тефтелей!.. Я тоже в меру упитанный Санвиник в расцвете сил, а не только фрекен Бок.

— Да, — согласилась я, — ты, Карлсончик, самый лучший.

Пятница

Любовь

Сводила Кису к косметологу. Следить за Кисиным лицом — моя обязанность. Киса, со своей стороны, тоже выполняет наш договор: вытаскивает из-под своей двери мои записки, а через некоторое время подсовывает листочки под мою дверь. Листочки все в следах шоколадных пальцев.

Немного странно: когда мы с ней вдвоем или с Котиком, Киса разговаривает со мной на разные, иногда довольно откровенные темы. Например, вчера спросила, почему я вообще вышла замуж за ее папу. Я ответила честно — вышла замуж по расчету, мечтала о постоянном врачебном присмотре.

— А-а, понятно, — разочарованно отозвалась Киса.

А чего она хотела — чтобы я рассказала ей о любви? Не дождется, потому что я стесняюсь.

Вот так мы и беседуем на разные темы.

И вдруг Киса — раз, тявкнет, как щенок, внезапно скажет какую-нибудь гадость.

Дима уверен, что у нас теперь все хорошо, просто замечательно. Меня такая ситуация полностью устраивает: при Диме Киса держится прилично, но холодно. У нас все спокойно, а то, что Киса меня не любит, так и я ведь тоже ее не люблю.

Зато сегодня рано утром я поняла — Дима любит меня как в первый день!

У меня всего лишь насморк, а он перед уходом на работу уже накапал в меня два литра капель и подбирался к тому, чтобы поставить мне горчичники.

— А давай я тебе давление измерю, — интимно прошептал он, обвязав меня крест-накрест пуховым платком, — вдруг низкое...

— Зачем? — удивилась я. — У меня всего лишь насморк.

— Насморк? — горько усмехнулся он. — Всего лишь насморк?..

Сказал, мой насморк может перейти в вазомоторный ринит, ринит в гайморит, гайморит в невралгию тройничного нерва, а там уже недалеко до иннервации. Сказал, что вечером комплексно проведет симптоматическое лечение — горчичники и массивные дозы витамина В.

— Не надо уколов, — попросила я. — Можно обойтись аскорбинкой через рот? Так сказать, перорально?..

— Ладно, посмотрим. Но имей в виду, при развитии симптомов я тебе проведу курс иглоукалывания и УВЧ.

Любит меня, любит, любит!.. Как в первый день!

Вечером Дима измерил мне давление, закапал капли и уехал играть в теннис. Котик лег спать, Киса делала уроки, а я уютно устроилась на кухне с книгой «Трудный подросток».

Вошла Киса со скучным выражением лица.

— Мне нужно с тобой серьезно поговорить, — угрожающим тоном произнесла Киса и сердито нахмурилась.

Я испугалась: сейчас Киса скажет, что все — она больше не может жить с посторонним человеком...

Киса покружила вокруг стола, села, затем опять вскочила:

— Я передумала с тобой разговаривать. Может быть, я поговорю с тобой завтра.

— Скажи, о чем. А то я буду волноваться...

— Ну... в общем, у меня к тебе вопрос. Ловко ты моего папу на себе женила, да?..

— Что ловко, то ловко, — подтвердила я.

Но оказалось, речь сейчас не обо мне, а о Кисе и мальчике Антоне из 10 Б. Киса не стала бы ничего мне рассказывать, но...

— А кого мне еще спросить? Ты умеешь завлекать мужчин, — со склочным оттенком в голосе продолжала Киса.

— Кто? Я? — удивилась я. — А хотя да, умею, а что?

В ходе небольшого допроса выяснилось, что Антон из 10 Б не обращает на Кису никакого внимания.

— Для тебя это очень-очень глубокое переживание... — серьезно сказала я, польщенная неожиданной

*Как завлекать мужчин,
как, как?! Похудеть?..
Поправиться?! Или, наоборот,
покраситься в блондинку?..*

Кисиной откровенностью. Конечно, Киса поделилась со мной по необходимости, потому что ей больше не у кого получить дельный совет, то есть это не доверие, а расчет. Но ведь я и сама вышла замуж по расчету.

— Ты должна взять себя в руки и достойно пережить это разочарование, — начала я.

— Я уйду... — вдруг печально сказала Киса.

— Из жизни? — в ужасе спросила я.

— Нет... Я сейчас уйду, — неопределенно отозвалась Киса, — мне еще химию учить.

Перед уходом Киса строго велела мне разработать стратегию — как Кисе себя вести, чтобы Антон из 10 Б обратил на нее внимание и полюбил ее навсегда.

И все это я должна успеть подготовить к завтрашнему дню, чтобы перед уходом в школу Киса уже знала, что ей делать.

— Кстати... как ты думаешь? Я не слишком худая? — обернулась Киса в дверях кухни. — Может быть, мне нужно поправиться? Или, наоборот, покраситься в блондинку?

Я быстро проглядела книгу «Трудный подросток». Там предлагались разные советы, но, в сущности, все они сводились к двум вариантам — отвести к подростковому психологу или предложить список литературы. К психологу Кисе ни к чему, а вот список литературы — неплохая идея. Есть много книг «про бедных девушек»: они сначала страстно любят, а затем страстно гибнут от любви. Может быть, это отрезвит бедную Кису и она поймет, что Антон из 10 Б — это не навсегда.

Вскоре я услышала бодрый Кисин бас.

— Это лишь минутка, что слеза упала, — распевала Киса по дороге в ванную, — я ведь не сказала, что любовь пропала...

Перед тем как лечь спать, Киса заглянула на кухню:

— Ты только не воображай, что мне нужны твои дурацкие советы! Учти, я бы ни за что тебе ничего не рассказала, если бы ты не была такая... такая...

— Какая?

— Такая опытная соблазнительница...

О господи, откуда такое слово? Что эта девочка читает — бульварные романы позапрошлого века?!

Я ушла к себе, села за компьютер и принялась разрабатывать стратегию любви.

Мы все хотим только одного — чтобы нас любили. Вот такая складывается ситуация. Но наше с Кисой положение различно — Дима меня уже любит и хочет провести мне курс иглоукалывания, а Киса еще только мечтает, чтобы ее полюбили.

В сущности, Кисе все равно, кто именно ее полюбит, просто она сейчас открыта для любви. У каждого бывают такие моменты, когда он одинок и находится в поиске любви. Как я, когда лежала в больнице с кривой улыбкой, открытая для любви. Как Дима, когда он, совершенно одинокий, вошел ко мне в палату со свитой врачей. Как Карлсон, когда он впервые приземлился на подоконнике Малыша.

И я вдруг подумала: Малыш и Карлсон — это абсолютно идеальные любовные отношения. Нет-нет, ни в коем случае никаких гадостей, никакого фрейдистского подтекста! Но это и в самом деле любовь! Малыш всегда ждет, когда прилетит Карлсон, Малыш считает, что Карлсон лучше собаки, Малыш счастлив уступить ему все лучшее, только чтобы Карлсон был доволен. И все это в обмен на что? Всего лишь на то, чтобы Карлсон БЫЛ с ним.

Разве это не моя мечта — чтобы Дима всегда хотел быть со мной? И делал все, чтобы я была довольна? И всегда считал, что я — единственная, что я даже ЛУЧШЕ СОБАКИ?

Ну вот мне и захотелось посмотреть, как же Карлсон вытягивает из Малыша любовь, словно фокусник ленту из шляпы. Это и будет любовной стратегией для Кисы. Ведь техники привязывания к себе всегда одни и те же — Малыш ли это, невропатолог — главный врач большой больницы или случайный Антон из 10 Б.

ЛЮБОВНАЯ СТРАТЕГИЯ КАРЛСОНА, САМАЯ ЛУЧШАЯ В МИРЕ

Шаг первый

Самое главное — это выделиться из общего ряда. Для этого нужно вызвать к себе мгновенный всплеск интереса. Иначе говоря, необходимо правильно провести самопрезентацию.

Если нас полюбили, мы не должны расслабляться
и превращаться в рутину. Потому что нет ничего хуже
для любви, чем совместная скука!

— Привет! Можно мне здесь на минуточку приземлиться?

— Да, да, пожалуйста, — поспешно ответил Малыш и добавил: — А что, трудно вот так летать?

— Мне — ни капельки, — важно ответил Карлсон, — потому что я лучший в мире летун! Но я не советовал бы увальню, похожему на мешок с сеном, подражать мне.

Обзываться необязательно, а вот привнести в свое поведение хотя бы одну маленькую загадочность — очень хорошая идея.

— А тебе сколько лет? — спросил Малыш...

— Сколько мне лет? — переспросил Карлсон. — Я мужчина в самом расцвете сил, больше я тебе ничего не могу сказать.

Малыш в точности не понимал, что значит быть мужчиной в самом расцвете сил.

Карлсон представился Малышу так: «Я красивый, умный и в меру упитанный мужчина в самом расцвете сил». И это очень тонкий ход с его стороны, потому что он показывает себя именно таким, каким хочет, чтобы его увидели.

Легко сказать: мы ДОЛЖНЫ думать, что мы красивые, умные, в самом расцвете сил. Но это же просто слова, а КАК это сделать, если мы себя такими не чувствуем?

Многие из нас кажутся себе недостаточно красивыми или не в меру упитанными, даже те, кто выглядит очень уверенным в себе. А уж про нас с Кисой и говорить нечего... Киса хочет поправиться и покраситься в блондинку, а я хочу похудеть. Кстати, может быть, мне тоже покраситься в блондинку, в яркую блондинку, в такую блондинку, что Дима, увидев меня дома или на улице, оглянется и подумает: «Вот это женщина!» Посоветуюсь с Кисой.

Так вот, получается, что мы с Кисой — не лучшие в мире Карлсоны, а две закомплексованные личности, недовольные своим весом и цветом волос.

Но даже если мы считаем, что могли бы быть и покрасивей, это не мешает нам поступить как Карлсон и во время самопрезентации стараться заинтриговать, вызвать к себе интерес и все такое.

— У меня там, наверху, несколько тысяч паровых машин...

— Где это у тебя там, наверху?

— Наверху, в моем домике на крыше.

— У тебя есть домик на крыше? — переспросил Малыш. — И несколько тысяч паровых машин?

— Ну да. Уж сотни две наверняка.

— Подумать только, дом, набитый паровыми машинами! — воскликнул Малыш. — Две сотни машин!

— Ну, я в точности не считал, сколько их там осталось, — уточнил Карлсон, — но уж никак не меньше нескольких дюжин.

— И ты мне дашь одну машину?

— Ну конечно!

— Прямо сейчас?

— Нет. Сначала мне надо их немножко осмотреть, проверить предохранительные клапаны... ну, и тому подобное. Спокойствие, только спокойствие! Ты получишь машину на днях.

Вот только не знаю, получится ли у нас с Кисой?..

Карлсону-то, конечно, хорошо, а вот у нас с Кисой нет паровых машин, мы не лучшие в мире рисовальщики петухов и укротители домомучительниц. Но, с другой стороны, каждый человек уникален, не только Карлсон! И у нас с Кисой тоже есть какая-нибудь фишка!

Возьмем, к примеру, Кису. У нее тонкие руки и ноги, хрупкие плечики и неожиданно тяжелые черные волосы — сейчас у всех стрижки, а у Кисы коса. Еще Киса не любит читать (тут она, конечно, не одинока, но она как-то особенно это ненавидит). Зато она знает наизусть все песни «Машины времени» и всего Чуковского. Когда Киса рассказывает Котику в лицах, она всегда за Крокодила или за Тараканище, а Котик — за всяких маленьких бедных зверюшек.

Еще Киса не ест пиццу, презирает эстраду. У нее аллергия на мед... Что еще? Еще она любит приодеться панком или готом, хотя на самом деле не является ни тем, ни другим. Так что, если хорошенько подумать, вполне уникальная Киса, не хуже Карлсона.

В дополнение можно еще кое-что присочинить самому насчет своей уникальности, тем более для Кисы приврать — одно удовольствие.

Теперь возьмем, к примеру, меня. Я тоже очень уникальная: я консультант по питанию. Это хорошая профессия, не такая, конечно, интересная, как укротительница тигров, но зато полезная, — сейчас модно питаться. Не говоря уж о том, что я знаю наизусть всего «Винни-Пуха».

Киса считает, что я — коварная соблазнительница, ловко затягивающая в свои сети мужчин. Возможно, Киса права и мужчины слетаются на меня как на мед. Например, пока я лежала в больнице, у меня завязалось множество близких отношений: один медбрат и двое пациентов из соседней палаты рассказали мне всю свою жизнь.

И все же, чем я привлекла Диму? Думаю, уникальностью своего организма: у меня крайне плохо восстанавливались функции лицевых мышц. Для восстановления симметрии лица мне понадобилась не пара недель, как обычным рядовым пациентам, а больше месяца. В ответ на Димин вопрос, согласна ли я выйти за него замуж, я криво улыбнулась и подмигнула ему одним глазом.

...Ох, жужжит, а я... А у меня почти закончилось печенье, остались только пряники и здоровое питание, что делать?

— Приходишь в гости, рассчитывая хотя бы на самое примитивное гостеприимство, — ворчал Карлсон, — а кое-кто сидит за компьютером и бубнит себе под нос «уникален-уникален»...

Изучив поднос с едой, Карлсон недовольно сказал:

— А ты жадновата, дружок! Никогда не видел, чтобы давали так много здорового питания и так мало печенья!

Шаг второй

При первой встрече взорвать паровую машину или учинить еще что-нибудь яркое и запоминающееся.

...Раздался громкий взрыв, и паровой машины не стало, а обломки ее разлетелись по всей комнате.

— Она взорвалась! — в восторге закричал Карлсон, словно ему удалось проделать с паровой машиной самый интересный фокус. — Честное слово, она взорвалась! Какой грохот! Вот здорово!

Стратегию Карлсона полностью подтверждают Настоящие Научные Исследования.

Если показать человеку фотографию одной персоны, а затем довести испытуемого до стресса и затем опять показать ту же фотографию, та же самая персона покажется ему куда более симпатичной. Во многих случаях испытуемые после стресса даже просили дать им телефон этой персоны.

Это научный факт — в экстремальных ситуациях любовь приходит гораздо быстрее, чем в рутинных. Иногда даже почти мгновенно приходит.

Так что пусть Киса взорвет паровую машину Антона. Если у Антона не будет при себе паровой машины, это может быть любое эмоционально яркое событие.

Шаг третий

Вовремя отступить и намекнуть на то, что у нас полно своих дел, в общем на перерыв в отношениях.

✿

— Представляю, как рассердится папа, — озабоченно пробормотал Малыш.

Карлсон удивленно поднял брови:

— Из-за паровой машины? Да ведь это же пустяки, дело житейское. Так и передай своему папе. Я бы ему это сам сказал, но спешу и поэтому не могу здесь задерживаться... Я должен слетать домой, поглядеть, что там делается.

— Ты еще когда-нибудь залетишь сюда?

Конечно, нас еще не полюбили, но уже очень нами заинтересовались.

«Я прилечу за тобой приблизительно часа в три, или в четыре, или в пять, но ни в коем случае не раньше шести... Уж никак не позже семи, но едва ли раньше восьми... Ожидай меня примерно к девяти, после того как пробьют часы».

Малыш ждал чуть ли не целую вечность, и в конце концов ему начало казаться, что Карлсон... всего лишь выдумка...

Как только мы покажемся любимому человеку выдумкой — все, это уже любовь...

Антон из 10 Б должен ждать, вдруг Киса прилетит. А Киса будет не часто прилетать, Киса будет часто занята. Кстати, я легко могу ей это устроить: пусть ходит со мной в бассейн, занимается бальными танцами (танцы не только развивают пластику, но и повышают самооценку), вот и будет у нее в отношениях с Антоном полезная для любви неопределенность.

Шаг четвертый

Правильно поссориться.

Ссора, как любая драматическая сцена, должна иметь завязку, кульминацию и развязку. А в финале ссоры персонажи, пережившие эмоциональный стресс, должны быть уже не совсем такими, как в начале.

Во время завязки нужно рассердиться и озадачить партнера по ссоре.

✦

— А где моя башня? Кто разрушил мою прекрасную башню и где моя тефтелька? Я просто вне себя, — проворчал Карлсон, — ну просто выхожу из себя!

Малыш совершенно растерялся. Он стоял, не зная, что предпринять. Молчание длилось долго.

Вот именно — молчание длилось долго... Если уж мы взяли паузу, необходимо ее держать долго, иначе зачем все это затевать, ведь наша цель состоит вовсе не в том, чтобы нас просто посчитали склочными. Во время долгой паузы наш партнер по ссоре переживает широкую гамму чувств — недоумевает, раскаивается и боится нас потерять.

Когда мы выдержали паузу, нужно показать любимому человеку, что все это еще не окончательно и у него еще есть шанс добиться прощения и восстановления наших чудных отношений.

✦

В конце концов Карлсон сказал грустным голосом:

— Если я получу какой-нибудь небольшой подарок, то, быть может, опять повеселею. Правда, ручаться я не могу, но, возможно, все же повеселею, если мне что-нибудь подарят...

...Если ты мне дашь этот фонарик, я постараюсь хоть немножко повеселеть.

И теперь очень важное! САМОЕ ВАЖНОЕ В ССОРЕ.

— Ура! Горит! — вскричал Карлсон, и глаза его тоже загорелись.

Эти слова доставили Малышу большую радость...

Самое главное, что мы должны сделать после того, как завладели фонариком, — это так обрадоваться примирению и так бурно помириться, чтобы у любимого человека наступило не изнеможение и опустошение, а счастье, что мы у него есть.

Ведь наша цель в ссоре — совсем не фонарик. Ну, или не только фонарик.

Если нас уже полюбили

Если нас полюбили, мы не должны расслабляться и превращаться в рутину. Любимый человек не будет со страстным нетерпением ждать нас для того, чтобы наконец-то вместе поскучать. Ему должно быть с нами интересно, волнующе, загадочно, даже в самых повседневных делах. ПОТОМУ ЧТО НЕТ НИЧЕГО ХУЖЕ ДЛЯ ЛЮБВИ, ЧЕМ СОВМЕСТНАЯ СКУКА!

— Тебя сегодня уже пылесосили?

— Нет, — признался Малыш.

Карлсон взял в руки шланг и двинулся на Малыша.

— Ах эти женщины! — воскликнул он. — Часами убирают комнату, а такого грязнулю обработать забывают! Давай начнем с ушей.

Никогда прежде Малыша не обрабатывали пылесосом, и это оказалось так щекотно, что Малыш стонал от смеха.

— Вот именно это и называется «генеральная уборка», — заявил Карлсон.

Это нетрудно — не превратиться для любимого человека в рутину. Для этого достаточно много знать, или много читать, или много петь и танцевать, или просто быть интересным оригинальным человеком.

...Вот тут я в себе полностью уверена, Диме со мной не скучно. Во-первых, он почти всегда играет в теннис, и там, на корте, ему НЕ скучно. Кроме того, я иногда притворяюсь, что у меня головная боль или бессонница, и тогда он измеряет мне давление и проверяет рефлексы. Но настоящие отношения на одном притворстве не построишь, поэтому иногда у меня по-честному бывает насморк или авитаминоз.

Да, и еще одно. Нужно научиться отказывать. Так отказывать, чтобы не оттолкнуть, а, наоборот, сохранить к себе интерес. Например... Сейчас все так быстро взрослеют...

Как бы мне осторожно внушить Кисе, что целоваться можно, а со всем остальным лучше подождать?

— А нельзя ли мне подняться с тобой на крышу?

— Конечно, можно, — ответил Карлсон, — само собой разумеется. Ты будешь дорогим гостем... как-нибудь в другой раз.

— Поскорей бы! — воскликнул Малыш.

Вот теперь, кажется, все... Киса + КТО-НИБУДЬ = любовь.

... Ф-фу, все!

...Никогда не видела, чтобы ЧТО-НИБУДЬ ТАК БЫСТРО ИСЧЕЗАЛО ИЗ-ПОД ДВЕРИ. Листочки как будто затянуло в Кисину комнату пылесосом.

Понедельник

Склоки

У Кисы в последнее время слишком уж много желаний. И ни одно из них она не может удовлетворить.

Киса хочет взять собачку. Подговорила меня и Котика. Против собачки только Дима. Киса скандалила, требовала, рыдала, но Дима сказал решительно — ни за что. Единственное, на что Киса может рассчитывать, — это рыбки. Но рыбки Кису как-то особенно оскорбили.

— Я рыбу не люблю, я никогда ее не ем! — кричала Киса.

И теперь Киса поссорилась с Димой и не разговаривает с ним. Дима тоже с удовольствием с ней не разговаривает — у меня такое ощущение, что он от нее отдыхает.

Еще Киса хочет на каникулах поехать на дачу к подруге и жить там одним, без взрослых. Я против. Киса скандалила, требовала, рыдала, но я сказала решительно — ни за что. Так что со мной Киса тоже не разговаривает. Я с ней разговариваю, а она со мной нет.

121

Почему ВСЕМ можно всё, а я одна должна сидеть дома?..

Киса демонстративно беседует только с Котиком. Говорит:

— Котик, скажи ИМ, что всех отпустили на дачу. Спроси ИХ, почему я одна должна сидеть дома.

Или:

— Котик, скажи Диме, что собачка такая маленькая, что он ее даже не заметит.

Когда Киса наконец обратилась ко мне со словами «Отдай мне свой белый свитер! Тебе он все равно мал. Быстро говори, да или нет, а то я с тобой не разговариваю» — я не выдержала и рявкнула:

— Нет! Не отдам! Нужно вежливо просить белый свитер, тогда есть шанс его получить, а так нет!

...Белый свитер я положила в пакет и подсунула ей под дверь. Не то чтобы я иду у Кисы на поводу. Я же всегда смогу взять его поносить.

Утром нашла пакет с белым свитером под своей дверью. Почему Киса подсунула его обратно, не понимаю. Какая все-таки тяжелая девочка...

Вторник

У него кто-то есть

Сегодня днем я уже совершенно точно поняла: у него есть кто-то, кроме меня. Ревность — ужасно гибельное чувство, потому что, прежде чем разрушить наши отношения, она полностью разрушит мою самооценку. Я все утро сижу и думаю: глупо было надеяться, что я могу привлечь его навсегда... Вокруг столько юных прекрасных девиц, а я...

К тому же я иногда бываю рассеянной, невнимательной, не готовлю по своим рецептам здоровое питание, тайком увлекаюсь пирожными...

Но не стоит сосредотачиваться на своих недостатках. Лучше я сосредоточусь на ЕГО недостатках. Это гораздо легче.

Итак, он эгоистичен, невнимателен ко мне, ведет тайную от меня личную жизнь и никогда, ни разу не сказал, как я ему дорога...

...Ох, наконец-то! Жужжит!

…Ну вот, уже слуховые галлюцинации начинаются. Послышалось…

Ну ладно, погоди! Пусть только прилетит, я ему все скажу специальным едким, как горчица, голосом! Начну так:

— Если бы ты относился ко мне, как я отношусь к тебе…

Или нет, лучше так:

— Если бы ТЫ сидел у окна и ждал, когда я прилечу…

Или лучше так:

— А ты, наверное, весело провел время… — и укоризненно покачаю головой.

И тогда он устыдится и признается, что я ему очень дорога. Так что я буду вести себя как ангел, тихо сидеть у окна и ждать.

Но одно дело решить вести себя как ангел, а другое — сидеть у окна печальным ангелом и напряженно прислушиваться. К тому времени, как я услышала жужжание, я так злилась, что уже нисколько не обрадовалась.

Карлсон как ни в чем не бывало уселся на подоконник.

— Привет! Вот и я, очень больной и несчастный, — виноватым голосом сказал он, свесив с подоконника толстенькие ножки. — Я… в общем, не найдется ли у тебя аспирина?..

Карлсон просто манипулирует мной, хочет вызвать у меня жалость к нему, такому больному и несчастному. Болезнь — это вранье, аспирин — тем более вранье. Вот сейчас принесу аспирин, и пусть выпьет на моих глазах, и это будет ему наказание!

— Ты не мог бы в следующий раз предупреждать, чтобы я не ждала напрасно? — поинтересовалась я.

— Не мог бы, — рассеянно ответил Карлсон, оглядывая комнату в поисках подноса с едой. — Может быть, я уже не имею права заняться своими делами?

Хм... почему он так невежливо мне отвечает?..

— А ты не расскажешь мне, где ты был? — ревниво спросила я.

— Не расскажу.

Ну, все. Он мне уже ничего не рассказывает...

— Не хочешь ли ты немного подкрепиться? — иронически поинтересовалась я.

— Не хочу... То есть, наоборот, хочу... Это я сначала машинально сказал.

Я хотела дальше склочничать, но... вдруг у него действительно жар? На всякий случай решила: не буду упрекать его и будить в нем чувство вины. Когда он со мной, ему должно становиться лучше, а не хуже.

— Угадай, что у меня есть? — Я посмотрела на Карлсона преданными глазами. — Торт со сливками, вот что! А?.. Ну как?

— Мне уже немного лучше... Тащи скорей! — обрадовался Карлсон и похлопал меня по плечу: — Я смотрю, я все-таки тебе немножко дорог, а?..

— Немножко дорог?!.. Очень даже дорог! — заторопилась я. — А я, я тебе... я тебе хоть немножко дорога? Да? Да?

— Так дорога, что и сказать не могу, поэтому и говорить об этом не буду.

Ура, ура, ура! Я так ему дорога, что он и сказать не может! Ура! Зачем мне тогда самооценка?..

Больше не буду ревновать и печалиться. Наоборот, буду вести себя как ангел. Если Карлсон опять долго не прилетит, то, когда он все-таки прилетит, он всегда найдет у окна новую меня — без всякой самооценки, зато с преданными глазами и тортом со сливками.

Просто у меня от обиды совершенно испортился характер. Киса все еще со мной не разговаривает, Карлсон не прилетал... И я даже забыла простое правило — нельзя начинать фразу с «не». Потому что человек мгновенно настраивается на отказ и сразу же, не думая, отвечает «не могу, не хочу, не буду». Карлсон даже почти что отказался подкрепиться, а это о многом говорит.

— Ты можешь в следующий раз предупреждать, чтобы я не ждала напрасно? — исправилась я.

— Могу, сколько угодно, — миролюбиво кивнул Карлсон.

— Расскажешь мне, где ты бы?

— Расскажу, почему бы не рассказать, — ответил Карлсон, — только чур сначала торт со сливками.

Пятница

Ты перестала пить коньяк по утрам?

Существуют специальные речевые техники, которые могли бы помочь Кисе, да и мне тоже, добиваться своего без истерик и рыданий. Я только боюсь, что, если я расскажу о них Кисе, она будет ВСЕГДА ДОБИВАТЬСЯ СВОЕГО. Но все-таки, наверное, лучше рассказать, чтобы она не билась лбом в стенку из меня и Димы...

Ладно уж, пусть научится. Я ведь тоже кое-что умею, так что мы еще посмотрим, кто кого перехитрит.

И мы с Кисой договорились, что будем незаметно использовать эти речевые техники и считать очки — кто сколько выиграл. Я точно знаю, кто выиграет больше очков, — я.

ТЕХНИКА ПЕРВАЯ

Все знают, что «пожалуйста» — волшебное слово, но почти никто не задумывается (во всяком случае, Киса точно не задумывается), что «да» и «нет» — тоже волшебные слова, даже еще волшебней. При правильном с ними обращении можно и без скандалов многого добиться.

— Давайте устроим «Вечер чудес», — сказал Карлсон, перестав дуться. — Угадайте, кто лучший в мире фокусник?
— Конечно, Карлсон! — наперебой закричали Малыш, Кристер и Гунилла.
— Значит, мы решили, что устроим представление под названием «Вечер чудес»?
— Да, — сказали дети.
— Мы решили также, что вход на это представление будет стоить одну конфету?
— Да, — подтвердили дети.
— И еще мы решили, что собранные конфеты пойдут на благотворительные цели. А существует только одна настоящая благотворительная цель — забота о Карлсоне.
Итак, они решили, что все конфеты получит Карлсон, который живет на крыше.

Это чудная, замечательная техника! Она называется Законом трех «да». Суть ее так проста, что ею может пользоваться даже Котик.
Мы задаем собеседнику три вопроса. Два вопроса должны быть такими, чтобы он обязательно ответил «да». Человек, ответивший «да» на два вопроса, отвечает «да» и на третий, последний вопрос, ради которого, собственно, все и затевалось.

Тут удача была на стороне Кисы. Она напала на меня утром, перед школой, когда я еще не совсем проснулась.

— Катя, тебе нравятся полосатые носки с пальчиками?

— Да...

— Красные?

— Да.

— Дашь мне денег? Я после школы куплю себе красные, желтые и еще зеленые.

— Да...

Хорошо, Кисища, один-ноль в твою пользу. Пока в твою пользу.

ТЕХНИКА ВТОРАЯ

Фрекен Бок окинула Карлсона безумным взглядом, а потом обратилась к Малышу:

— Разве твоя мама предупредила, что этот мальчик будет у нас обедать? Я сказала, отвечай — да или нет! На простой вопрос всегда можно ответить «да» или «нет», по-моему, это не трудно.

— Представь себе, трудно, — вмешался Карлсон. — Я сейчас задам тебе простой вопрос, и ты сама в этом убедишься. Вот, слушай! Ты перестала пить коньяк по утрам, отвечай — да или нет?

У фрекен Бок перехватило дыхание...

— Да, да, конечно, — убежденно заверил Малыш, которому так хотелось помочь фрекен Бок.

Но тут она совсем озверела.

— Нет, — закричала она, совсем потеряв голову.

Малыш покраснел и подхватил, чтобы ее поддержать:

— Нет, нет, не перестала!

— Жаль, жаль, — сказал Карлсон. — Пьянство к добру не приводит.

На вопрос всегда можно ответить «да» или «нет», это нетрудно — так считает фрекен Бок.

Но ведь она совсем ничего про людей не понимает. На самом деле ответить «да» или «нет» бывает очень трудно, и на этом основана техника «Открытые и закрытые вопросы».

Закрытый вопрос — это такой вопрос, на который можно ответить только «да», например:

— Ты хочешь торт со сливками?

Или только «нет», например:

— Можно мне съесть твою плюшку?

Мы задаем человеку закрытый вопрос, если нам действительно нужен четкий ответ. Или если мы хитрим и хотим этим внезапным закрытым вопросом поставить человека в тупик.

Мы рассчитываем, что наш собеседник не готов к нападению и под влиянием эмоций не догадается ответить: «Я не перестала пить коньяк, потому что никогда не начинала». И тогда случайно скажет нам правду. Или же он весь в своих мыслях и тогда тоже случайно скажет нам правду. Так часто бывает: на закрытый вопрос человек, как правило, реагирует автоматически, и мы получаем информацию, которая нам нужна.

Но не все так просто. Если бы я сегодня, как наивная дурочка, спросила Кису: «Почему ты пришла из школы в шесть часов вечера?» — я наверняка узнала бы много интересного о дополнительных уроках литературы или о том, как сломался троллейбус.

Но я, наоборот, ловко спросила:

— Ты после уроков болталась в Гостином дворе или в Пассаже?

— В Гостином, — ответила Киса.

Один-один, счет в мою пользу. То есть счет ничейный, но скоро будет в мою пользу.

Вопрос «Ты была в Гостином дворе ИЛИ в Пассаже?» — это другой тип вопроса, альтернативный вопрос. Он тоже хорош для выуживания правдивой информации в особых случаях: когда мы не знаем, верно ли наше предположение в принципе, но при этом как ни в чем не бывало предлагаем человеку выбрать один из двух вариантов.

Правда, задавать такой вопрос немного рискованно. Потому что эти альтернативы — просто наши подозрения. Я ведь не знала наверняка, что Киса болталась по магазинам. Так что тут нужно быть уверенным, что одна из альтернатив верна. Либо быть готовым к тому, что наш собеседник, которого мы хотим вывести на чистую воду, возмущенно ответит нам: «ВЫ ЧТО?!! Я КОН-ТРОЛЬНУЮ ПЕРЕПИСЫВАЛ, А ВОВСЕ НЕ БОЛТАЛ-СЯ ПО МАГАЗИНАМ!» И нам не удастся вывести его на чистую воду. Но это уже наш риск.

Хотя в данном случае я ничем не рисковала, посколь-ку сама выдала Кисе утром деньги на полосатые носки с пальчиками. Чудная, кстати, вещь — такое впечатле-ние, как будто на ногах надеты перчатки.

Честно говоря, мне самой не часто удается применить эту технику, потому что обычно я тороплюсь и задаю од-новременно несколько вопросов. Кстати, это тоже спе-циальная техника, потому что, если задаешь человеку два вопроса одновременно, он отвечает на один.

Интересно, на какой же вопрос? Лично я предпочла бы ответить на тот вопрос, который для меня приятней или безопасней. И любой человек именно так и поступает — от-вечает на безопасный вопрос. Но мы же задавали ему два вопроса! Значит, тот вопрос, на который он предпочел не ответить, для него опасный, и тогда можно кое-что понять.

— Дима, ты хочешь гречневую кашу, мы пойдем ве-чером в кино? — быстро спросила я.

— Я хочу кашу, — вежливо отвечает Дима.

И сразу все понятно про кино — не пойдем.

Или возьмем Кису. Киса обожает задавать альтерна-тивные вопросы.

— Ты что мне дашь надеть — черный свитер или красный?

133

— Красный... — беспомощно отвечаю я. Ну почему я вообще должна давать ей свои свитера, мне их жалко, я вообще жадина... Кстати, красный свитер мне меньше жалко, чем черный.

Альтернативный вопрос не обязательно содержит слово «или». Главное, чтобы в самом вопросе подразумевался выбор.

— Ты помнишь, что мы в шесть часов встречаемся на Невском?

— Почему встречаемся, почему? — пугается Дима.

— Потому что перед филармонией я хочу зайти в Дом книги.

— Нет, — твердо говорит Дима, — никакого Дома книги. В филармонию, и все.

На самом деле Дима не знал ни о какой филармонии. И я даже не мечтала, что он пойдет со мной в филармонию. Меня спас альтернативный вопрос, который я мысленно перед ним поставила: филармония и Дом книги или просто одна маленькая тихая филармония.

Открытые вопросы начинаются с «почему» и «зачем». Мы задаем открытые вопросы, желая разузнать о чем-то или разговорить человека, а заодно и понять его эмоциональное состояние.

Кроме того, открытый вопрос удобно использовать, когда хочешь поссориться.

— А почему ты так поздно пришел? — спрашиваю я.

— Работал, — обиженно отвечает Дима.

Неужели было бы лучше, если бы я задала ему закрытый вопрос «Ты пришел поздно?», как будто я не умею определять время по часам?..

— А почему ты сегодня так устал? — спрашиваю я, и вот он уже рассердился, надулся, как мышь на крупу.

Не знаю, почему этот простой открытый вопрос всегда вызывает у него раздражение. Неужели он подсознательно понимает, что в данный момент я не особенно интересуюсь его внутренним миром, а вот в моем «почему» уже содержится некая готовая претензия...

Претензия такая. Дима — главный врач больницы. Мне понятно, что он должен лечить, руководить, строить новый корпус и добывать ЯМР с сосудистой программой.

ЯМР с сосудистой программой — это да, а вот самому вникать во все детали строительства — это уже нет. Для подробностей строительства у него есть заместитель по хозяйственной части.

А если все-все-все делать самому, зачем вообще тратить время на дорогу домой? Можно быстренько поспать в кабинете, прикорнуть на старом кожаном диване.

Я вот что думаю — неужели Дима улавливает мою такую большую внутреннюю речь в одном маленьком «почему»?

Вопрос «зачем» хорошо задать самому себе в ссоре. Так прямо взять и спросить себя: не ПОЧЕМУ я это делаю, а ЗАЧЕМ.

Вот Киса кричит, возмущается, обвиняет. ПОЧЕМУ она кричит, возмущается, обвиняет? Понятно почему — потому что ее обижают, несправедливы к ней, не выполняют ее, Кисиных, элементарных требований. Дима не разрешил собачку, а я против поездки на дачу.

И тут можно вдруг быстро задать себе вопрос — ЗАЧЕМ? Зачем я, Киса, кричу, возмущаюсь, обвиняю?.. Хочу очень сильно поссориться? Хочу, чтобы от меня ушли, хлопнув дверью? А может, у меня есть большая глобальная цель — навсегда испортить отношения?..

Лично я никогда не кричу, только мечтаю... В смысле, мечтаю покричать.

А на кого мне кричать? На Кису? Я бы с удовольствием, но я ей посторонний человек. Котик еще маленький. На Диму? За эти несколько месяцев, что мы живем вместе, мы с ним еще не дошли до такой родственности, чтобы я вдруг начала кричать, возмущаться и обличать. К тому же он все-таки невропатолог и может сделать мне успокоительный укол. Думаю, успокоительный укол — больно.

Не говорить слова «нет».

Хорошо было бы быть супермастером общения и вообще исключить из своей речи слово «нет». Вместо «нет» научиться отвечать «да, но...».

К примеру, фрекен Бок все время отвечает «нет» и никогда «да». Потому что она злая.

Обычные люди, как мы, тоже достаточно часто отвечают «нет». А на «нет» у нашего собеседника возникает мгновенная неосознанная реакция — обида, отторжение и даже агрессия.

— Можно к тебе придет одна девочка из нашего класса насчет питания? — спросила Киса.

— Нет, я не могу, — ответила я.

Я и правда не могу, ухожу в издательство. Собираюсь подробно рассказать редактору про свой творческий кризис со «Здоровым питанием для застенчивых» и заодно проконсультирую издательство по питанию.

Киса покраснела, от растерянности и обиды показала мне язык, как маленькая, и ушла к себе.

А если бы я сказала: «Да, можно, только не сегодня, а завтра, хорошо?» или даже так: «Не сегодня, а когда-нибудь в другой раз, через месяц, через год», — она бы не покраснела, не показала мне язык, не ушла к себе.

———

137

Вечером я спросила Диму.

— Тебе понравились мои новые овощи на пару без соли?

— Нет, — ответил Дима.

Ах, вот как! В кои-то веки ведешь себя в собственном доме профессионально, используешь рецепт из собственного бестселлера, часами чистишь и режешь эти чертовы овощи, и все для того, чтобы услышать «нет»!

Если бы Дима случайно оказался супермастером общения, он бы совсем не так со мной обращался!

— Тебе понравились мои новые овощи на пару без соли? — спросила бы я.

А он бы ответил:

— Да-да! Но в следующий раз ты их хотя бы посоли, а лучше вообще больше никогда не делай. Забудь навсегда про овощи на пару без соли!

И я бы не обиделась.

Кстати, мой поход в издательство закончился неудачей. Я упирала на творческий кризис и предлагала издательству разные варианты — переписать классическую «Книгу о вкусной и здоровой пище». Сначала издательство очень оживилось, но когда они узнали, что я имею в виду просто ПЕРЕПИСАТЬ, от руки, они не согласились. Тогда я попыталась уговорить дополнить свою предыдущую книгу новыми советами — хорошо пережевывать здоровую

ЗАЧЕМ я кричу? Может быть, у меня есть одна большая, глобальная цель — навсегда испортить отношения?..

пищу и не смеяться с полным здоровой пищи ртом. Опять не согласились.

Еще издательство обещало послать меня на выставку здорового питания, надеюсь, они не имели в виду в качестве экспоната?..

Так что придется все-таки писать. Главное, что у меня сложилась идея книги — застенчивые люди не могут признать, что у них глубокая эмоциональная связь с холодильником, как у нас с Карлсоном. И мне нужно будет помочь им избавиться от чувства вины.

Понедельник

Борьба титанов за очки

Я все-таки очень рассчитываю выиграть у Кисы еще одно очко. Я, можно сказать, уверена, что на этот раз победа будет за мной. Потому что следующая техника довольно сложная. Сложная, но исключительно эффективная.

ТЕХНИКА ЧЕТВЕРТАЯ

Цель этой техники — победить в споре. Но не просто победить, а так, чтобы партнер считал, что победил он. Честно говоря, я сама ею никогда не пользуюсь, потому что тут нужно все заранее обдумать, а я же холерик. Даже если я все заранее обдумаю, все равно во время разговора начну горячиться, выпаливать посторонние аргументы и нервно тереть глаза.

Надеюсь, Киса тоже не сможет. Потому что, если Киса овладеет этой техникой, мы все будем плясать под ее дудку.

Ума не приложу, откуда эта сложная техника известна Карлсону?.. Наверное, он когда-то случайно залетел в окно к супермастеру общения...

Малыш и Карлсон по очереди занимаются уборкой. Сначала Карлсон помогал Малышу убирать его комнату и тщательно пропылесосил ему уши, и вот теперь они прилетели на крышу, чтобы убрать в домике Карлсона.

«Я охотно тебе помогу и тоже буду убирать, если нужно», — сказал Малыш. Карлсон улегся на диванчик, откинулся на подушку и довольно засопел. Лежа на диване, Карлсон предлагает Малышу воспользоваться лучшей в мире половой тряпкой и лучшим в мире совком. А он, Карлсон, ему поможет.

— ...Я буду все время петь и подбадривать тебя поощрительными словами. Раз, два, три, и ты закружишься по комнате. Будет очень весело.

Малыш вздохнул, взял веник и принялся за дело. А Карлсон вытянулся на диванчике, подложив руки под голову, и наблюдал за ним. И он запел, чтобы помочь Малышу, — точь-в-точь как обещал.

В самый разгар уборки Карлсон прервал свое пение и сказал:

— Ты можешь устроить себе небольшую переменку и сварить мне кофе.

— Сварить кофе? — переспросил Малыш.

— Да, пожалуйста, — подтвердил Карлсон. — Я не хочу тебя особенно утруждать. Тебе придется только развести огонь под таганком, принести воды и приготовить кофе. А уж пить его я буду сам.

Малыш печально посмотрел на пол, на котором почти не было видно следов его усилий:

— Может, ты сам займешься кофе, пока я буду подметать?

Итак, вот идея Малыша — пусть робкая, но все же идея: кофе должен сварить Карлсон.

А идея Карлсона совсем другая.

— Как это только можно быть таким ленивым, как ты? — спросил он. — Раз уж ты устраиваешь себе переменку, неужели так трудно сварить кофе?

— Нет, конечно, нетрудно, — ответил Малыш, — но дай мне сказать. Я думаю...

— Не дам, — перебил Карлсон. — Не трать понапрасну слов! Лучше бы ты постарался хоть чем-нибудь услужить человеку, который в поте лица пылесосил твои уши...

Но Малыш все-таки не сдается — мы все защищаем свои идеи, потому что они нам нравятся.

— Понимаешь, у меня нет опыта, — начал Малыш смущенно, — не мог бы ты... Только огонь развести, а?

Ни в коем случае не критикуем и уж тем более не спорим. Совсем наоборот — не вставая с диванчика, хвалим идею собеседника. А затем описываем условия, в которых эта его идея действительно была бы наилучшей.

но не сейчас

✿

— Вот если бы я был на ногах, тогда дело другое, тогда бы я тебе показал, как разводить огонь...

Тут мы делаем плавный переход к описанию реальных условий: увы, реальные условия не таковы, чтобы чудное предложение нашего партнера могло осуществиться...

✿

— ...Я бы тебе показал, как разводить огонь, но ведь я лежу, и ты не можешь требовать, чтобы я плясал вокруг тебя.

Затем мы подробно описываем партнеру новую идею, соответствующую НАШИМ реальным условиям. То есть тем условиям, которые подводят к нашей собственной идее.

Итак, мы выдвинули нашу собственную идею, но мы привели к ней партнера такими извилистыми тропами, что он этого не заметил. Он уверен, что ему идут на всяческие уступки, лишь бы он был доволен. И это дополнительно играет нам на руку, потому что нашему партнеру лестно, что мы так уважительно к нему относимся.

✿

— Теперь поставь на огонь кофейник, собери все, что нужно для кофе, на этот вот красивый подносик, да не забудь положить булочки, и продолжай себе подметать; пока кофе закипит, ты как раз успеешь все убрать.

Дальше необходимо закрепить успех. Нам осталось последнее, но очень важное дело: мы хвалим собеседника за НАШУ СОБСТВЕННУЮ ИДЕЮ. Еще хорошо подробно нарисовать собеседнику радужную перспективу, которая откроется перед ним, когда осуществится НАША СОБСТВЕННАЯ ИДЕЯ.

✿

— Скажи, а ты уверен, что сам будешь кофе пить? — спросил Малыш...
— О да, кофе пить я буду сам, — уверил его Карлсон. — Но и ты получишь немного, ведь я на редкость гостеприимен.

Результат использования этой техники удивителен. Ведь мы не только добились своего, но и оставили у партнера полное впечатление, будто он сам немного изменил свою замечательную идею, чтобы привести ее в соответствие с реальными условиями. И его новая идея, которая на самом деле НАША ИДЕЯ, так же хороша, и сам он тоже чудо как хорош.

———

Легко сказать «будь счастливым, будь уверенным в себе и заодно понимающим, чутким, милым»... а КАК? Жизнь так нелегка, особенно женская, особенно моя... Неужели самый верный способ вызвать к себе интерес мужчины — это просто показать ему, что он тебе нравится?..

КИСА СМОГЛА! Смогла воспользоваться этой техникой...

Мои надежды на лишнее очко не оправдались. Придется признаться: Киса сделала меня как ребенка.

— Сегодня твоя очередь мыть посуду, — сказала я.

— Да-да, хорошо. А то я думала, вдруг не моя... — отозвалась Киса. — Сейчас помою. Мне еще нужно историю выучить. Я буду очень долго ее учить, так долго, что, наверное, засну... А если я буду учить, а ты в это время помоешь посуду, мы потом сможем вместе выпить чай.

Когда я домывала посуду, Киса выскочила на кухню и закричала:

— Два-один, два-один в мою пользу!

Итак, результат использования техник — два-один в пользу Кисы. Бог с ним, со счетом, но так глупо попасться — я-то думала, Киса хочет пить со мной чай, а она всего лишь отрабатывала на мне технику!..

Но и это еще не полная история Кисиных побед. Поздно вечером Киса прямо в прихожей набросилась на беззащитного Диму и применила к нему сразу несколько техник.

— Какое животное ты бы хотел иметь в доме? — спросила Киса.

— Никакое. Я бы хотел иметь в доме никакое животное. Рыбки. Или лучше одна рыбка — это единственное животное, на которое я согласен... — вяло ответил Дима.

Ну вот, в этом доме никакого покоя — сейчас опять начнутся слезы и хлопанье дверьми. Но Киса не закричала и не бросилась к себе, хлопнув дверью, а, наоборот, ласково улыбнулась.

— Рыбка? — переспросила она. — Отличная мысль. Например, меченосец — не лает, прививки делать не надо. Да, папочка, ты прав.

Киса отвернулась, сунула руку в карман и быстрым вороватым движением потерла щеки.

— Мне учителя каждый день говорят, что я бледненькая... Правда же, Катя, я бледненькая?

Да, конечно. Щеки у Кисы накрашены белой краской, не так сильно, словно она гот, а слегка. Выглядит вполне натурально.

— Пожалуй, ты бледновата... — Дима взглянул на нее профессиональным взглядом и сделал назначение: — Гулять по часу в день.

— Хорошо, я буду гулять с меченосцем по часу в день. Ты, как всегда, прав, папочка, — рыбка лучше всего. БЫЛА БЫ лучше всего. Правда, с меченосцем страшновато гулять, когда темно... Для прогулок нужен охранник. Вот ты, папочка, кого ты больше хочешь, ротвейлера или московскую сторожевую?

Дима вздохнул.

— А можно хотя бы маленького охранника? — робко спросил он.

— Можно, — разрешила Киса. — Мы все сделаем, как ты хочешь. Если ты хочешь таксу, возьмем таксу. Кро-

148

личья такса весом три с половиной килограмма. Размером с ботинок.

— Вот так-то... — удовлетворенно сказал Дима и потрепал Кису по плечу. — А то меченосец, ротвейлер... Такса. И не думай, что ты когда-нибудь сможешь меня перехитрить.

По-моему, я вложила слишком сильное оружие в Кисины цепкие лапы...

Ход насчет прогулок у нее получился довольно примитивный, прямо скажем, не Шекспир. Но в целом все неплохо. Теперь у нас будет охранник — маленькая кроличья такса, размером с ботинок, весом три с половиной килограмма. Нужно будет назвать таксу Мухтар или Рекс, чтобы у нее не развился комплекс неполноценности перед соседским ротвейлером.

Среда

Сомнения

Меня мучают сомнения. Дело в том, что те речевые техники, которыми я по доброте душевной поделилась с Кисой, — это вполне невинные техники. Они основаны на... как бы это сказать... на том, КАК мы говорим. Подумаешь, не произносить слова «нет» или правильно задать вопрос... Мы же при этом не затрагиваем ЛИЧНОСТЬ партнера, не воздействуем на его чувства, в общем, не МАНИПУЛИРУЕМ.

Вот я и сомневаюсь. Мне нужно решить, стоит ли открывать Кисе ВСЕ СЕКРЕТЫ и рассказывать ей о техниках манипулирования. Эти техники еще называют техниками общения, но это тонкое различие зависит от того, кто их применяет. Если мы сами хотим чего-нибудь добиться, мы говорим, что это техники общения, а когда другие хотят чего-то добиться от нас, мы обижаемся и говорим, что это фу, противные техники манипулирования, которыми почему-то пользуются злые люди.

Мне больше нравится, когда честно говорят «манипулирование», а не прячут глаза и застенчиво уверяют: мы-то сами как есть чистые ангелы и никогда не манипулируем людьми, а вот что люди с нами делают — это просто ужас какой-то, каждый так и норовит применить техники манипулирования...

— Сегодня у тебя нет жара? — спросил Малыш.

— У меня? Жара?.. У меня никогда не бывает жара! Это было внушение.

— Ты внушил себе, что у тебя жар? — удивился Малыш.

— Нет, это я тебе внушил, что у меня жар, — радостно ответил Карлсон и засмеялся.

Но ведь любое воздействие на партнера в собственных целях называется манипулированием. И мы все только и делаем, что воздействуем на других людей в собственных благородных целях. Воздействовать на людей в чьих-то чужих целях было бы, по меньшей мере, странно.

Вот что я думаю. Если в результате нашего манипулирования нам хорошо и всем тоже хорошо, значит, все в порядке. Во всяком случае, мы с Карлсоном считаем именно так.

Но ведь и на нас с Кисой может попытаться кто-нибудь воздействовать... Тогда, наверное, все же стоит рассказать.

Важно, чтобы Киса поняла: всеми этими техниками сможет пользоваться она сама, а могут воспользоваться другие. Другие могут действовать в собственных милых целях, как Карлсон, или же в собственных эгоистических целях, как злые манипуляторы.

Сегодня вечером к нам пришел Таксик. Оказался прелестный, размером с ботинок. Элегантный, как будто он таксик во фраке. Выяснилась, что, когда Киса вела переговоры по поводу собачки, он УЖЕ БЫЛ — родился у Кисиной подруги и ждал, когда Киса применит специальные техники и он сможет к нам прийти.

Дима посмотрел на него, вздохнул и сказал:

— Теперь у нас в доме живое существо. Вам всем нельзя доверять живое существо. Вы его испортите. Вы всегда все портите.

Что у него за манера в самые обычные события вносить трагическую ноту: «все», «всегда»... Димин ежедневник я действительно испортила — случайно постирала вместе с джинсами, а больше я не знаю, что мы испортили.

Четверг

Как продать свои большие пальцы на ногах и заставить человека стать нам родной матерью

ПЕРВАЯ ТЕХНИКА

Типичный случай плюшечной лихорадки.
Техника повышения значимости партнера

В самом примитивном варианте это может быть просто обычная лесть или комплимент.

— Дядя Юлиус, — проговорил... Карлсон, — скажи, тебе когда-нибудь кто-нибудь говорил, что ты — красивый, умный и в меру упитанный мужчина в самом расцвете сил?

Дядя Юлиус никак не ожидал услышать такой комплимент. Он очень обрадовался — это было ясно, хотя и попытался виду не подавать. Он только скромно улыбнулся и сказал:

— Нет, этого мне никто еще не говорил.

Хотя и этот простой вариант очень сильный, именно своей незамысловатостью. Ни одному дяде Юлиусу в мире ни за что не придет в голову, что ему откровенно льстят, так уж они, то есть все мы, устроены.

Лесть может быть подана под видом честной прямоты. Как будто мы такие прямые честные люди, что просто не можем сдержаться и не сказать нашей начальнице, что она самая умная и самая упитанная.

Но лишь очень наивные люди полагают, что лесть исчерпывает все возможности этой техники.

Прежде всего можно попытаться выглядеть приличней и использовать эту технику гораздо более тонко.

Это был лучший в мире пир — на таком Малышу и не снилось побывать.

— До чего здорово! — сказал Малыш, когда он уже сидел на ступеньке крыльца рядом с Карлсоном, жевал плюшку, прихлебывал какао...

Карлсон быстро справился со своими семью плюшками. У Малыша дело продвигалось куда медленнее. Он ел еще только вторую, а третья лежала возле него на ступеньке.

Карлсон наклонился к Малышу и пристально поглядел ему в глаза:

— Выглядишь ты плохо, да, очень плохо, на тебе просто лица нет... Типичный случай плюшечной лихорадки. Страшная болезнь, она валит с ног, когда объедаешься плюшками.

...Карлсон... заставил Малыша лечь на ступеньку и как следует побрызгал ему в лицо какао.

— Чтобы ты не упал в обморок, — объяснил Карлсон и придвинул к себе третью плюшку Малыша. — Тебе больше нельзя съесть ни кусочка, ты можешь тут же умереть.

Нам не жалко Карлсону плюшек, мы бы и сами ему отдали, но это в случае, если нами манипулирует Карлсон.

Необходимо все же знать, что не только Карлсон, но и злые манипуляторы могут обращаться с нами именно так: продемонстрировать, как много мы для них значим, как они о нас беспокоятся, и, чтобы мы не упали в обморок от плюшечной лихорадки, быстро-быстро съесть наши плюшки...

Формулы техники повышения значимости партнера просты:

«Я так хорошо к тебе отношусь...»

или:

«Я так о тебе беспокоюсь...».

И мы тут же думаем: как же мы много значим для этого человека, раз он так о нас беспокоится!..

Еще один вариант использования техники повышения значимости — это ссылка партнера на нашу порядочность.

Так как я очень милый и очень скромный, то разрешаю тебе взять первому. Но помни: кто берет первым, всегда должен брать то, что поменьше.

А может быть, мы собирались взять побольше?.. Но теперь нам ничего не остается, как брать поменьше, — а как же иначе, раз уж нас так высоко оценили, хочется соответствовать.

Неловко предполагать в людях плохое, но, как правило, в случае использования формулы «вы человек порядочный и не обманете меня» нам необходимо получше присматривать за нашими плюшками. Потому что наш партнер, скорей всего:

— сам стремится обмануть нас,

— или подсознательно проецирует на нас свою возможную нечестность,

— или же заранее демонстрирует свою готовность быть обманутым и принимает позу собачки, которая сдается на милость победителя: ложится на спину и поднимает кверху лапки — я слабый, пожалейте меня и не обманывайте.

Такая же сложная картинка складывается, когда человек декларирует какие-то свои положительные качества: «я — порядочный человек» или «я — человек откровенный». В этом случае он подозревает нас в неискренности или неискренен сам. Действительно порядочные и откровенные люди обычно принимают эти свои замечательные качества как данность и не заявляют о них отдельным торжественным объявлением.

Вопрос «Ты меня любишь?» может быть внезапным проявлением нежных чувств, а может быть формой манипуляции. Такой настойчивый интерес может означать, что партнер явно провинился либо преследует определенную цель.

Мама очень крепко обняла Малыша.

— Ни за какие сокровища в мире мы не согласились бы расстаться с тобой. Ты же и сам это знаешь.

— И даже за сто тысяч миллионов крон? — спросил Малыш.

— И даже за сто тысяч миллионов крон.

— Послушай... — сказал вдруг Малыш, — если я действительно стою сто тысяч миллионов, то не могу ли я получить сейчас наличными пятьдесят крон, чтобы купить себе маленького щеночка?

Это типичная любовная манипуляция — повышение своей собственной значимости для партнера с целью получить что-нибудь хорошее, например власть. Или независимость — если ты так меня любишь, что это ты раскомандовался человеком, который стоит сто тысяч миллионов?!

Мы и сами так делаем. Ничего особенного, обычная техника повышения значимости партнера, а результат удивительный. Эта техника может быть использована нами в такой завуалированной форме и так умело, что наш партнер и опомниться не успеет, а мы уже — раз, и съели все его плюшки.

ВТОРАЯ ТЕХНИКА

Как продать большие пальцы на ногах.
Техника ориентации на потребности партнера

Суть этой техники состоит в том, чтобы четко донести до партнера, ЧТО ИМЕННО в результате нашего общения он получит.

Если кому-нибудь лень читать учебник по менеджменту (а нам с Кисой точно лень), он может изучить пример продажи больших пальцев на ногах — здесь выражена вся пошаговая стратегия сделки по продаже товара или услуги.

Прежде всего необходимо показать, что мы предлагаем очень ценный товар, а не какую-нибудь ерунду.

— Вот ты умеешь считать. Прикинь-ка, сколько стоят мои большие пальцы, если всего меня оценили в десять тысяч крон.

Малыш рассмеялся:

— Не знаю. Ты что, продавать их собираешься?

Дальше необходимо предложить скидку. При этом искренне обозначить недостаток товара в качестве причины скидки. Это вызывает доверие партнера, поэтому даже если наш товар безупречен, стоит приписать ему какой-нибудь малозначительный изъян.

✹

— Да, — сказал Карлсон. — Тебе. Уступлю по дешевке, потому что они не совсем новые. И, пожалуй... — продолжал он, подумав, — не очень чистые.

— Глупый, — сказал Малыш, — как же ты обойдешься без больших пальцев?

Затем мы обозначаем дополнительные условия сделки. Иначе потом могут возникнуть сложности, потому что нам часто кажется, что всем и так понятно, что именно мы имели в виду, а на самом деле никому не понятно. И тут-то и могут возникнуть конфликты вплоть до разрыва контрактов и отношений.

✹

— Да я и не собираюсь без них обходиться, — ответил Карлсон. — Они останутся у меня, но будут считаться твоими. А я их у тебя вроде как одолжил.

Теперь мы должны еще раз, как можно более эмоционально, продемонстрировать качество товара и не забыть отметить радость партнера, которую он обязательно ощутит, когда наша сделка состоится.

Карлсон положил свои ноги Малышу на колени, чтобы Малыш мог убедиться, насколько хороши его большие пальцы, и убежденно сказал:

— Подумай только, всякий раз, когда ты их увидишь, ты скажешь самому себе: «Эти милые большие пальцы — мои». Разве это не замечательно?

Но если бы все было так просто, все это не было бы техникой манипулирования. Ловко ориентируясь на потребности партнера, зная его слабости, желания и страхи, манипулятор навязывает партнеру те решения, условия или отношения, которые ему нужны.

Мама положила Малышу этот пакетик вчера вечером, а в нем был прекрасный персик. И вот теперь этот персик Карлсон жадно сжимал пухленькими пальцами.

— Мы его разделим, ладно? — торопливо предложил Малыш.

— Хорошо, — согласился Карлсон, — разделим. Я возьму себе персик, а ты пакетик. И учти — я уступаю тебе лучшую часть. А с пакетом можно отлично позабавиться.

Этого Малыш прежде не знал.

— Ну да? — удивился он. — Что же можно сделать с пакетом?

Глаза Карлсона заблестели.

— Издать самый громкий в мире хлюп! — объявил он.

Не нужно думать, что эту технику можно использовать только в бизнесе. Это не так. Партнеру можно предложить все, что ему нужно, — любовь, жалость, уважение, *instead of the thing you want* возможность поиграть с главной девчонкой во дворе и другие формы удовлетворения тщеславия, или самый громкий в мире хлюп. Главное — понять, ЧТО ему нужно, и четко выразить, что он именно это и получит.

— Ты хочешь заболеть?! — изумился Малыш.

— Конечно. Все люди этого хотят! Ты должен стать мне родной матерью, — продолжал Карлсон. — Ты будешь уговаривать меня выпить горькое лекарство и обещать мне за это пять эре. Ты обернешь мне горло теплым шарфом. Я скажу, что он кусается, и только за пять эре соглашусь лежать с замотанной шеей.

Малыш помчался в соседнюю лавочку и купил на все деньги леденцов, засахаренных орешков и шоколаду. Когда он отдал продавцу весь свой капитал, то вдруг вспомнил, что копил эти деньги на собаку, и тяжело вздохнул. Но тут же подумал, что тот, кто решил стать Карлсону родной матерью, не может позволить себе роскошь иметь собаку.

И все мы тоже очень любим поиграть в эту игру и тоже разбиваем свою копилку, потому что у каждого человека есть важная потребность — быть для кого-то единственным, самым главным, самым нужным, самым любимым, самым-самым...

Наш партнер
и оглянуться не успел,
а мы уже раз —
и ведем его на поводке,
КУДА НАМ НАДО

«Только вы можете мне помочь...»

«Я бы ни за что не сказал этого никому, кроме тебя...»

Лично я, когда слышу такие слова, сразу приосаниваюсь и думаю: да, только я. Никто, кроме меня. Я самая отзывчивая, понимающая и добрая, я так и знала.

Думаю, Кисе будет интересно узнать, что один из самых верных способов вызвать к себе интерес мужчины — просто показать ему, что он тебе нравится. И это типичный случай применения техники ориентации на потребности партнера.

Суббота

Не получается...

На первый взгляд, техника ориентации на потребности партнера — это легко, но не тут-то было! Здесь ведь что важно — важно в нужном месте обозначить, что получит партнер, и строго соблюдать... ну, в общем, делать все по порядку.

Вообще-то, у меня все получилось, просто не сразу. Сначала я думала, что мне удастся быстро наскочить без применения техник.

Я купила билеты в Мариинку и очень радовалась, потому что — Верди!.. И я думала, что Дима тоже очень обрадуется.

— Премьера! Сегодня премьера! — с восторгом провозгласила я. — Верди, знаешь?..

— Верди как раз знаю очень хорошо, — уклончиво сказал Дима, — это опера или балет?

— Опера, — удивленно сказала я, и Дима тут же позиционировал себя как большого любителя балета. А любители балета обычно равнодушны к опере...

Киса с Котиком растерялись и не успели себя никак позиционировать, поэтому просто отказались наотрез. Их общее мнение об оперном искусстве такое — это отстой.

Мне было ужасно обидно, что никто не хочет со мной идти, а я уже представляла, как мы все вчетвером сидим в ложе, и Дима держит меня за руку под арию Набукко, и Киса с Котиком подпевают Абигайль, а в антракте все думают: какая это приличная семья, и как она любит оперу, а возможно, и балет тоже.

Я повела себя не лучше Кисы — выбежала из кухни, хлопнув дверью, потом быстро вернулась и злобно выкрикнула:

— Я еще могу понять Диму как большого любителя балета... А вы, Киса и Котик, серые и неблагодарные! А еще считаете себя культурными людьми! — С этими словами я опять вышла, затем вернулась и долго печально молчала у них на глазах.

Молчала-молчала и подумала: без пошаговой стратегии мне не обойтись. И вот какие я предприняла шаги.

Сначала я четко сказала, кто что получит в буфете Мариинки. Котик — мороженое, Киса — шампанское.

Затем я искренне обозначила незначительный недостаток оперы — два действия. В том смысле, что могло бы быть одно, а тут целых два.

Затем я предложила скидку: в день спектакля Котику разрешается не рисовать палочки, а Кисе вообще не делать уроки. Я всем напишу записки, что у нас болела голова.

И наконец, я обговорила дополнительные условия: второе действие можно провести в буфете, а первое обязательно в зале. Иначе потом будет считаться, что Киса с Котиком были на премьере «Набукко», а на самом деле они были только в буфете.

Напоследок я еще раз продемонстрировала качество товара: как могла, напела увертюру. Получилось эмоционально и вообще неплохо.

В самом конце я отметила радость, которую Котик с Кисой обязательно ощутят, когда состоится наша сделка, то есть премьера «Набукко». Это будет радость оттого, что они исполнили свой долг культурных людей и теперь смогут долго не ходить в Мариинку.

Понедельник

Если ты уйдешь, я буду плакать

ТРЕТЬЯ ТЕХНИКА

Ты всего-навсего маленький грязнуля,
но все же ты мне нравишься.
Техника выражения собственных чувств

Это максимально эффективная техника, и, в отличие от всех других, она почти всегда является манипуляцией, сознательной или бессознательной.

Вот Карлсон выбросил из окна пакет с водой — водяную бомбу.

— ...Этого делать нельзя, — сказал Малыш...
— А что, по-твоему, можно? Швырнуть вниз пакеты с тухлыми яйцами? Это тоже одна из странных фантазий твоей

мамы? Могу сказать, что вообще ты и твоя мама самые странные люди на свете, но все же я вас люблю. Ты, конечно, всего-навсего маленький грязнуля, но все же ты мне нравишься. Да, странно, но все-таки я очень к тебе привязался, глупый мальчишка.

Сказать о своей любви впрямую — очень сильный ход, умеренные манипуляторы используют его, только когда все остальные аргументы исчерпаны, а злые манипуляторы используют, когда хотят, по мере их манипуляторской надобности.

При помощи техники выражения собственных чувств мы можем преследовать несколько целей: благородную, не очень и совсем неблагородную.

Благородная цель — это честно сказать партнеру о своих чувствах: любви, обиде, горечи и так далее. Открытый разговор о том, что чувствуешь, может быть не манипуляцией, а искренним стремлением к честным отношениям.

— Знаешь, я чувствую себя таким потерянным, когда ты кидаешь водяные бомбы из окна...

Или:

— Я так переживаю, просто умираю, когда ты задерживаешься! Мне кажется, что ты больше никогда не прилетишь...

Мы честно сказали о своих чувствах и можем ожидать от партнера понимания и такого же честного ответа. Совсем не обязательно, что партнер ответит нам честно, но ведь ожидать-то мы можем?.. Во всяком случае, мы сделали все, что могли, и выбранный нами способ повлиять на ситуацию гораздо лучше, чем просто эмоциональные реакции:

— Сколько раз я тебе говорила, не смей кидать водяные бомбы из окна! Ты никогда со мной не считаешься!

Или:

— Разве я не заслужила элементарного уважения! Неужели трудно хотя бы позвонить и сказать: прилечу приблизительно!..

Когда мы говорим о своей обиде, раздражении, боли, оскорбленном самолюбии и других неприятностях, происходит одно невероятное волшебное чудо. Наверное, взять и поверить в это чудо невозможно. Нужно просто попробовать и убедиться, что волшебное чудо есть.

«Мне так обидно, мне так больно...» — говорим мы, и в это время происходит это волшебное чудо: нам почему-то уже НЕ ТАК обидно и почему-то НЕ ТАК больно. Меньше и вообще как-то по-другому. И так всегда: озвучивая негативные чувства, мы тем самым помогаем себе их пережить, справиться с болезненными состояниями и перевести их в новое качество. Высказанное перестает так сильно болеть и начинает просто саднить, возможно, даже приятно. В общем, как только мы выразили наши чувства словами, боль и обида становятся меньше или даже совсем уходят.

Для нашей дорогой Кисы это особенно важно, потому что у нее часто бывает плохое настроение, она очень чувствительный человек и глубоко переживает свои обиды и обидки. Я уж как-нибудь потерплю, тем более Киса когда-нибудь выйдет замуж. Но другим, тем, за кого она выйдет замуж, будет с ней нелегко. Так что Кисе хорошо хотя бы изредка говорить о своих чувствах! Хотя бы иногда сказала «мне обидно» или «я переживаю», и ей стало бы легче. Иначе Кисины чувства перестают ей подчиняться и внезапно выплескиваются из Кисы гадким скандалом. Со мной тоже так бывает.

Кроме того, удобно использовать технику выражения собственных чувств в личных практических целях. Если Киса будет баллотироваться в президенты, или защищать диссертацию, или впервые читать лекцию, то, конечно же, она будет очень нервничать: кусать губы, теребить одежду или стоять как оловянный солдатик и дрожать крупной дрожью. И ВСЕ ЗАМЕТЯТ.

Вот тут очень хорошо искренним голосом выразить свои чувства. Сказать: «Я очень волнуюсь, сегодня я впервые...» — и так далее.

Так все делают, даже президенты, и это правильно. Во-первых, говоря так, мы немного успокаиваемся и уже не так дрожим, а во-вторых, электорат или аудитория немедленно проникается к нам сочувствием и растроганно улыбается. В общем, это уже совсем другое дело.

Говоря о своих чувствах, мы оказываем партнеру доверие: ясно же, что мы надеемся — он не полный чурбан и немедленно нас поймет. Это хорошо, потому что на доверие нам отвечают доверием, и возникает душевная атмосфера, и нам становится легче понять друг друга. Но...

Но это не всегда так.

Существует еще не очень благородная цель — подсознательное манипулирование. Это происходит, когда мы говорим о своих чувствах, чтобы облегчить свое душевное состояние.

— Я так чувствую... (люблю, ненавижу, мне больно, обидно и так далее).

— Я так чувствую, и что я могу поделать...

— Я же не виноват, что я так чувствую...

Выражая свои чувства, мы, несмотря на кажущуюся невинную прямоту, подсознательно налагаем на партнера определенные обязательства — пожалеть нас, защитить или еще как-нибудь эмоционально откликнуться на нашу откровенность.

Получается: «Я так чувствую, а ты делай с этим, что хочешь...»

Это не очень честно. И это уже манипулирование.

Но, с другой стороны, человек, который любит нас, все равно уже приручил нас и несет за нас ответственность. Так что можно считать, что облегчение нашего душевного состояния за счет ухудшения душевного состояния другого — хоть и не очень благородная цель, и не совсем пустяки, но все же дело житейское.

Совсем неблагородная цель — намеренное манипулирование. Нехорошо, некрасиво...

Особенно когда НЕ МЫ САМИ ведем себя неважно, а плохо поступают с НАМИ, — это всегда как-то ярче.

Намеренное манипулирование лучше пояснить на примере.

Этот разговор я подслушала пару дней назад. Дима был на работе, мне нужно было уйти по делу, а Киса собиралась в кино.

— Киса, а Киса... — деловито сказал Котик. — Не иди в кино... Если ты уйдешь, я буду плакать. Поняла, Кисища?!

— Посмотри без меня «Белоснежку» и нарисуй, как она живет у гномов, — посоветовала Киса, — а я приду и поиграю с тобой.

— Нет, — отказался Котик и принялся торговаться. — Я тебе точно говорю, я буду плакать! Ты будешь сидеть в кино, а я буду плакать, — торговался Котик. — А кино смешное?

— Да, комедия.

— Вот видишь! — торжествующе сказал Котик. — Ты же все равно не сможешь смеяться, когда я плачу, так что оставайся лучше дома...

Киса осталась дома. Вообще-то она была уверена, что Котик не будет плакать, но вдруг все-таки будет?..

Со стороны Котика это была чистая манипуляция.

Я люблю тебя, люблю,
люблю!.. А ты делай
с этим что хочешь...

Для ребенка это естественно, ребенок с миром взрослых не на равных, а вот взрослый манипулятор сознательно играет с нами и специально вызывает в нас чувство вины.

Манипулированием могут быть впрямую сказанные слова: «Я чувствую себя брошенным, мне одиноко, я совсем один без тебя» либо более тонко выраженные чувства:

— Я так расстроился, услышав ваши слова о моей работе, просто всю ночь не спал...

Или:

— Ну что же мне сделать, чтобы ты был доволен?!

Или: *make someone feel guilty*

— У меня душевный надлом из-за того, что мне не повысили зарплату...

Но все это будет не что иное, как опутывание нас чувством вины и замаскированное требование: «Я несчастен из-за тебя. Как хочешь, но уж будь любезен — сделай так, чтобы я был тобой доволен».

Сфера применения техники выражения собственных чувств неограниченна. К примеру, на важных переговорах можно наивным голосом сказать:

— Вы знаете, я чувствую себя немного скованно...

И к нам немедленно бросятся с утешениями и чашкой кофе:

— Да что вы, не переживайте так, никто вас тут не обидит...

Тогда можно таким же наивным голосом добавить:

— Понимаете, я ведь во всем этом новичок и так волнуюсь, что могу допустить ошибку...

Партнер умилится нашей откровенности, расслабится и не заметит, что мы и не новичок вовсе, а настоящая акула бизнеса.

К разновидности манипулирования относится еще одна техника — «Я — очень несчастный человек». Эту технику хоть раз в жизни использовал каждый.

✓ make people feel bad for you.

...Карлсон сказал:

— Ты был прав, это лекарство не помогает от жара. Дай-ка мне теперь шоколадку.

— Тебе? — удивился Малыш. — Ведь я выиграл пари!

— Ну да, пари выиграл ты, значит, мне надо получить в утешение шоколадку. Ты хочешь съесть шоколад только потому, что у меня не упала температура. Как несчастны все больные! Как я несчастен!

Здесь наш манипуляторский расчет очень простой: нас пожалеют и в утешение дадут что-нибудь материальное вроде варенья или нематериальное в виде дополнительной любви или отмены наказания. Еще лучше не просто демонстрировать, как ты несчастен, а причитать в пространство: «Ну почему меня никто не ценит, почему я такой несчастный...»

Малыш был в отчаянии.

— Моя марка! — завопил он. — Ты засосал Красную Шапочку, этого я тебе никогда не прощу!

Карлсон выключил пылесос и скрестил руки на груди.

— Прости, — сказал он, — прости меня за то, что я, такой милый, услужливый и чистоплотный человечек, хочу все сделать как лучше. Прости меня за это...

Казалось, он сейчас заплачет.

— Но я зря стараюсь, — сказал Карлсон, и голос его дрогнул. — Никогда я не слышу слов благодарности... одни только попреки...

Особенно тонко получается, когда человек говорит не о себе, а о неких обстоятельствах, которые выше него.

— Я же не виноват, что у меня нет шарфа! Но если бы нашелся шарф, мне бы наверняка завязали горло, он бы кусался, и я получил бы пять эре... — Карлсон умоляюще посмотрел на Малыша, и его глаза наполнились слезами. — Я должен страдать оттого, что у меня нет шарфа? Ты считаешь, это справедливо?

Нет, Малыш не считал, что это справедливо, и он отдал свою последнюю пятиэровую монетку Карлсону, который живет на крыше.

Вторник

Манипуляторы в нашей семье

В нашей семье тоже имеются манипуляторы, которые успешно используют технику «Я — очень несчастный человек».

Котик, к примеру, любит прийти из школы с очень расстроенным лицом. Иногда у него даже получается не просто расстроенное лицо, а ЛИЦО, почти как у Димы.

— Что с тобой, что случилось? — спрашиваем мы.

Котик молчит и молча страдает.

— Что, что?..

— Опять двойка... — горестно отвечает Котик, всхлипывает и уточняет: — Две двойки...

И все немедленно бросаются его утешать.

Киса тоже не лучше.

— Я хочу браслетик, как у Ани... — говорит Киса и добавляет: — Ей мама купила...

177

«Как у Ани» и «мама купила» — очень сильный манипулятивный ход. Аня — Кисина подруга, у нее всегда есть все, что нужно Кисе. А главное, у нее есть мама. Мама купила Ане браслетик. Мама любит Аню и покупает ей браслетик. А у Кисы нет мамы, и некому купить ей браслетик.

Ну, и кто сможет отказать бедной Кисе в браслетике?.. Во всяком случае, не я.

А Дима? Эти его постоянные вздохи? Я совершенно уверена, что на врачебных конференциях или на совещаниях со строителями он ТАК не вздыхает.

А что он творит дома?! И так вздохнет, и этак, и громко, и тихо... И просто тихо, и тихо, но жалобно...

Думаю, Дима еще вздыхает в Фонде исследований мозга, когда выпрашивает ЯМР с сосудистой программой. Там вздохи уместны. В Фонде подумают: раз у них, в этой их больнице, главврач так вздыхает, тогда каково же больным? И дадут.

Так что вздохи — это форма манипулирования Фондом, чтобы дали ЯМР, и мной, чтобы я, наоборот, оставила его в покое.

Или возьмем нашего Таксика размером с ботинок. Такс — манипулятор. Такс манипулирует всеми при помощи техники «Я — очень несчастный человек». Выпрашивает дополнительное питание и притворяется таким

Я — самый несчастный человек на свете!..

беспомощным, что немедленно чувствуешь себя рабовладельцем кроличьего такса размером с ботинок...

А сам сгрыз три ботинка, два ремня и уже присмотрел много моих хороших вещей.

И только я, единственная в нашей семье, НИКОГДА НИКЕМ НЕ МАНИПУЛИРУЮ, потому что МНЕ ЭТО НЕ НУЖНО — ни браслетик, ни дополнительное питание, ни чтобы меня оставили в покое, ни ЯМР с сосудистой программой. Хотя... ЯМР я бы взяла и отдала в дар больнице.

Четверг

Я тоже манипулятор не хуже других

Сегодня целый день ждала звонка одной Знаменитой Личности — самого известного в стране консультанта по здоровому питанию. Эта Личность приехала из Москвы в Питер на один день и, по ее словам, очень хотела со мной встретиться. Мне такое желание Личности было лестно, поэтому я тоже очень хотела с ней встретиться. И я так ждала ее звонка, что даже в душ взяла с собой телефон, — вдруг Личность позвонит мне, когда я буду мыть голову.

Личность не позвонила. Обидно — зачем я все утро гипнотизировала телефон?..

...Днем ходила в школу. Телефон все это время был у меня не в сумке, как обычно, а в кармане — вдруг Знаменитая Личность все-таки позвонит?.. Лучше было бы, конечно, ждать звонка дома, но мне нужно было в школу. То есть я бы сама ни за что туда не пошла — я же не сумасшедшая соваться в пасть ко львам... Но Диму вызвали в школу, поэтому мне пришлось идти.

— Отец должен принять меры, — холодно сказала учительница по русскому. Она была похожа на морского котика: полная и гладкая, с маленькой черноволосой головкой.

Оказалось, Диму вызвали в школу, потому что у Кисы двойка по русскому. Не просто обычная скромная двоечка, а вопиющая, вызывающая безграмотность, с которой ее скоро выгонят из школы. Интересно, куда нам тогда с ней, с этой безграмотностью?

— Отец принимает меры, — ответила я, — я сочинения пишу...

Морской котик по русскому говорил, что Киса НЕ сдаст экзамен, НЕ поступит в институт и ее заберут в армию. Возможно, про армию мне послышалась, а возможно, уже принят законопроект о женской воинской обязанности, и я просто не в курсе.

Я так разволновалась, что все это когда-нибудь произойдет с Кисой, что неожиданно для себя сказала:

— Я сейчас буду плакать... Вы не обращайте внимания, я поплачу и уйду... Я просто очень расстроилась...

Не думаю, что я так уж расстроилась из-за того, что Кисе придется служить в армии, просто иногда у меня бывает плаксивое настроение.

Морской котик по русскому протянул мне бумажный носовой платок и сочувственно воскликнул:

— Господи! Да не переживайте вы так! Исправим двойки, с кем не бывает, у меня у самой у сына двойка по русскому...

Знаменитая Личность позвонила поздно вечером из Бологого, с полдороги из Питера в Москву.

— Извините, у меня не оказалось времени, — томно сказала Личность.

Ужасно неприятно, когда говорят, что на тебя не нашлось времени...

Я хотела небрежно сказать Личности: «Да?.. А у меня как раз тоже было много важных дел...», но растерялась и нечаянно полностью открыла свои карты:

— Ох, как обидно, ужасно обидно! Я так ждала вашего звонка, даже в душ ходила с телефоном!..

— Простите, простите меня, — вдруг заверещала Личность совершенно другим, человеческим, голосом, — все эти интервью, телевидение... А я ведь специально приезжала, чтобы с вами увидеться, я вас заочно так люблю, больше всего на свете мечтаю о вас, просто сама не своя...

Честное слово, я не хотела манипулировать Морским котиком по русскому и Знаменитой Личностью: вызывать в них жалость и чувство вины, утешать меня, а тем более вынуждать дополнительно заниматься с Кисой или объясняться мне в любви, — просто случайно выразила словами свои чувства, и они в ответ заговорили со мной человеческими голосами...

———

Итак, диапазон воздействия техники «Скажи о своих чувствах» чрезвычайно широк. Эта техника очень драматично действует на нашего партнера. И точно так же драматично подействует на нас, если кому-то придет в голову так с нами поиграть. Поэтому здесь открываются просто необъятные перспективы ДЛЯ ВСЕХ.

Пятница

Семейная жизнь под угрозой

— Как у тебя с Димой, все хорошо? — спросила меня сегодня утром моя подруга Ангелина.

— Все очень-очень хорошо, — заверила я.

— Да? — разочарованно ответила Ангелина, и я спохватилась: что же я такое говорю?!

Ангелина больше любит, когда не все хорошо, потому что так гораздо интересней и есть что обсудить. Ангелина любит сказать: «Да-а... И что будем делать?..», мгновенно купить торт, приехать ко мне, мобилизоваться на кухне и за тортом предлагать разные выходы и решения.

Ангелина моя лучшая подруга, поэтому мне не жалко сделать для нее что-нибудь приятное.

— Вообще-то... не все хорошо. Знаешь, что нехорошо?.. — Я тянула время. — Он мне ничего не рассказывает. Ничего не рассказывает про строительство нового корпуса. Про немецкое оборудование для нового корпуса тоже ничего не рассказывает, про ЯМР с сосудистой программой я ничего не знаю, вот.

— Да-а... плохо... И что будем делать? — сказала Ангелина. — Предлагаю встретиться и обсудить.

Я повесила трубку и подумала: что-то я и правда давно ничего не слышала про строительство нового корпуса. Одно из двух — или его уже построили, или Дима перестал со мной делиться своей личной жизнью. А оборудование? Немецкое оборудование? А ЯМР с сосудистой программой? Ничего про это не знаю. Хотя я же честно спрашиваю в прихожей: «Как дела?» Он отвечает «нормально» и идет ужинать. По-моему, это обычная семейная жизнь. Хотя, с другой стороны, так можно вообще перейти только на общение с Карлсоном.

Вечером я открыла Диме дверь с твердым намерением поподробнее узнать про новый корпус и ЯМР.

— Ну? Как? Неприятности? — бодрым пионерским голосом сказала я, увидев ЛИЦО.

Дима буркнул что-то невнятное.

— Судя по твоему лицу, у тебя неважное настроение...

— Да? — с интересом спросил Дима и посмотрел на себя в зеркало.

— Да. У тебя такое лицо, как будто... как будто у тебя давление упало.

Дима подробно изучил в зеркале свое лицо и вздохнул:

— У меня на работе... да ну, не буду объяснять, ты все равно не поймешь... это сложно...

— Сложно?..

— Ну да, сложно. Прорвало трубу...

— Трубу?..

— Да, на третьем этаже... Энцефалограф залило водой.

— Водой?!

— Он теперь не работает.

— Не работает?..

— Нет. Теперь у нас в больнице нет ни одного энцефалографа, представляешь? А он был такой...

— Такой?..

— Такой немецкий... — мечтательно протянул Дима.

Еще несколько минут, и я узнала про энцефалограф ВСЕ. А также я узнала, как идут дела с ЯМР. А про новый корпус я узнала намного больше, чем мне хотелось бы про него знать.

Все просто и гениально!

...На самом деле я собралась и применила к Диме две техники, обе очень хорошие, одна лучше другой.

Первая техника называется «Выразите сами чувства партнера».

Нужно опять сказать про чувства, но не про свои, а партнера. Но говорить о чувствах партнера нужно очень-очень осторожно, с помощью намеков и наводящих вопросов. Считаю, я, например, очень удачно выразилась: «Судя по твоему лицу, у тебя неважное настроение...» А ведь я

Самого кроткого человека можно привести в ярость, если дергать его за структуры мозга

могла бы сказать в лоб: «Ты только посмотри на свое лицо, ты же сегодня злой как собака». Но тогда я бы точно не узнала столько интересного про энцефалограф.

Если мы тактично выразили чувства партнера словами «кажется, ты...» или «возможно, у тебя...», то партнер отмечает наш интерес к нему. И ему, конечно, тоже становится любопытно — а КАКОЕ у него лицо? И он тут же прислушивается к себе или заглядывает в зеркало. А действительно, какое у меня настроение? Неужели по выражению моего носа видно, что я нервничаю? В общем, он становится сам себе интересен.

И тогда уже сразу можно его обо всем расспрашивать.

Когда мы используем эту технику, нужно помнить, что мы ведь только ПЫТАЕМСЯ догадаться о чужих чувствах, а на самом деле они нам ЧУЖИЕ. Мы о них не знаем, да и партнер НЕ ОБЯЗАТЕЛЬНО хочет нам их открыть.

И поэтому мы должны основываться только на том, что можно увидеть. А не домысливать! И не говорить за другого!

Если сказать: «У тебя плохое настроение, потому что у тебя неприятности», получится, что я с разбега ринулась в Димино частное пространство. Не знаю, как у других, а у Димы это вызовет раздражение, а вовсе не желание немедленно рассказать про эти свои неприятности.

Ну, а вторая техника такая легкая, что даже странно, каких потрясающих результатов можно добиться с ее помощью. Она называется «Эхо-техника».

Итак, нам нужно всего лишь, как эхо, повторять Димино последнее слово. Ну, то есть не обязательно Димино — любого человека, от которого мы хотим узнать, как у него идут дела с энцефалографом.

Я повторяю, а Дима как бы мгновенно раскручивается и начинает рассказывать.

— ...Энцефалограф... — это Дима.

— Энцефалограф? — это я.

— Энцефалограф... — это опять Дима.

И так далее. Но тут еще очень важно вовремя остановиться.

У нас давно уже не было такого хорошего вечера, посвященного ЯМР, энцефалографу и новому корпусу. После того как Дима подробно рассказал о своих неприятностях с трубой, он вдруг почему-то развеселился, и мы еще долго сидели и разговаривали и даже сыграли партию в кинга.

Выиграл Котик, Дима на втором месте, Киса на третьем. Они поддавались Котику, а я играла всерьез, но при этом почему-то оказалась на последнем месте, странно.

Кто-то может сказать, что мы с Кисой — манипуляторы, и это плохо. Но этот кто-то не прав. Мы с Кисой — манипуляторы, и это хорошо. Во-первых, наши цели более или менее благородные. Во-вторых, обе мы, и я, и Киса, все равно всегда хотим добиться своего. Просто при помощи разных техник мы сделали это тихо и бескровно.

Понедельник

Неожиданная удача

Сегодня счастливый день, вернее, счастливое утро, — цыганка нагадала мне неожиданную удачу или даже неожиданное счастье. Не то чтобы я по утрам всегда выхожу на охоту за счастьем, просто решила заняться хозяйством и купить одни очень хорошие маковые булочки. И вот, пожалуйста, — добродетель всегда получает награду. Оказывается, где-то ждет меня неожиданная удача или даже счастье.

— Сколько можно ждать? Прилетаешь и кружишь, как сиротка у закрытого окна... Сейчас возьму и улечу отсюда, — проворчал Карлсон. — А-а, маковые булочки!.. Это полностью меняет дело.

Пока Карлсон ел булочки, я полезла в сумку за косметичкой и обнаружила, что незаметно для себя лишилась кошелька. А ведь мы с цыганкой так хорошо поговорили... и, кажется, я сама отдала ей кошелек... Она загипнотизировала меня, ну я и отдала.

Не буду рассказывать Диме, что отдала цыганке кошелек, — витаминные инъекции, поддерживающая мозг терапия и все такое. А вот Карлсону я могу все про себя рассказать, и про кошелек тоже.

— Почему, ну почему из всех прохожих именно я?

— Почему ты? — с полным ртом пробормотал Карлсон. — А потому что ты...

Карлсон занялся новой булочкой. Намазал маслом, сверху положил горку варенья.

— Доверчивый, наивный, расположенный к людям человек? — подсказала я. — Добрый, милый... Да?

— Ну, нет. Просто ты выглядишь как задумчивый придурок.

Я немного расстроилась, что я не такой уж милый человек, и незаметно придвинула к себе оставшуюся маковую булочку.

— Нет, ну вообще-то ты ничего, бывают люди и похуже, — утешил меня Карлсон и придвинул булочку обратно к себе. — Подумай, ведь ты могла бы быть такой злющей, как фрекен Бок...

Фрекен Бок очень близка мне как консультанту по здоровому питанию. Кто не давал плюшек Малышу, потому что мучное вредно? Кто при этом сам с аппетитом поедал свои плюшки? Фрекен Бок. Поэтому именно фрекен Бок и является основателем научного подхода к питанию.

— Почему фрекен Бок всегда такая злая? — спросила я.

— Потому что она — злюка от природы, — важно ответил Карлсон и важно добавил: — Это очень научный подход.

Я уважительно посмотрела на Карлсона.

— Откуда ты знаешь, что она злюка не от плохого воспитания, а от природы?

— Ты только посмотри на нее: она всегда злится, — ответил Карлсон.

— Я думала, ты и правда знаком с теорией агрессии, — сказала я. — И знаешь, что у человека обнаружены участки нервной системы, отвечающие за проявление враждебности. И знаешь, что при активации этих структур мозга враждебность возрастает, а при дезактивации уменьшается. Поэтому самых кротких можно привести в ярость, а самых свирепых укротить...

Карлсон обиженно фыркнул:

— А кто, по-твоему, при помощи плюшек дергал домомучительницу за структуры мозга, чтобы ее враждебность возрастала? Я, самый научный в мире Карлсон. Скажи, а вот ты... что ты сделала как ученый?

— Как ученый я полный ноль, но... зато у меня скоро будут неожиданная удача и неожиданное счастье.

— Уже были, — сказал Карлсон. — Я же не мог знать, что ты с утра отправишься за маковыми булочками, правда? А я вот почувствовал и прилетел.

Беседа с врачом-специалистом про фригидность

Вечером у нас с Димой был увлекательный разговор на интимную тему — про фрекен Бок.

— Интересно, занимается ли фрекен Бок сексом? — спросила я Диму за ужином.

Мясо в горшочках, вот что у меня было на ужин, вернее, мясо в горшочке. Я переложила мясо из большой кастрюли в небольшой цветочный горшок, и получилось красиво, как в ресторане.

— Занимается ли фрекен Бок сексом? — спросила я и сама ответила: — Думаю, да. Но меня вот что интересует — получает ли она удовольствие?

Дима оторвался от газеты «Спорт-экспресс», посмотрел на меня диким взглядом и начал озираться вокруг в поисках своего молоточка.

— Рефлексы в полном порядке, смотри... — Я быстро встала на цыпочки, зажмурила глаза и дернула ногой. — Просто я сегодня целый день о ней думаю.

В принципе, я понимаю Димино удивление, но я же не могу сказать ему, что я не сумасшедшая, а просто вчерашний разговор с Карлсоном навел меня на мысли о фрекен Бок.

— Я думаю, во время секса она ворчит: «Повесь куртку и вымой руки, повесь куртку и вымой руки...»

— А давай я тебе валокординчика накапаю, — ласково предложил Дима, — тридцать капель. Ты расслабишься и заснешь спокойно.

— Нет, спасибо. Скажи лучше, ты представляешь себе фрекен Бок как сексуального партнера?

— Я? Как сексуального партнера? Я вообще не представляю...

Дима смотрел на меня так испуганно, как будто вместо мяса в горшочке я заставляла его есть цветную капусту.

Как может мужчина вообще не представлять себе сексуальных партнеров? Неужели он представляет себе только новый корпус, ЯМР и энцефалограф?..

— Нет, ну ты же врач! Скажи хотя бы как невропатолог — может фрекен Бок привлечь мужчину?

Дима вздохнул:

— Ну как тебе сказать... Вообще-то мужчин привлекают самые разнообразные качества — от длины ног до прекрасной души.

Хм... да?.. С длиной ног у меня не очень, значит, его привлекает во мне прекрасная душа, это даже лучше. Надеюсь, с годами моя душа станет еще прекрасней.

Ох!.. Я КОЕ-ЧТО НЕ УЧЛА. Я не учла, что в цветочном горшке снизу отверстие для полива цветов...

Самое эротичное — это манеры,
а вовсе не ноги или душа...

Соус из горшочка вылился на скатерть и... Ой!..

— А вот фрекен Бок — хорошая хозяйка, — завлекала я Диму, подставляя блюдце под горшочек с отверстием для выливания мясного соуса. — Фрекен Бок можно все доверить...

— Я бы ей себя не доверил, — поразмыслив, сказал Дима. — А насчет секса... Я думаю, что фрекен Бок фригидна.

Я подозревала, что фрекен Бок фригидна, я так и знала!

Вообще-то, по последним опросам, мужчины считают наиболее эротичным не ноги и не душу, а взгляд и манеры. Манеры назвали около пятидесяти процентов опрошенных, а взгляд — около тридцати. Действительно, манеры и взгляд у фрекен Бок не слишком эротичные...

И НИ ОДИН ЧЕЛОВЕК не сказал, что его особенно привлекает умение крахмалить белье или тщательно пылесосить под кроватью. Видимо, домашние добродетели ассоциируются с ворчливым характером, а затем и с фригидностью.

Среда

Нога в дверях

С помощью техники «Нога в дверях» мне удалось добиться разрешения сделать в ванной маленький, совсем крошечный ремонтик.

Техника «Нога в дверях» несложная. Это как будто мы не хотим пускать кого-то в свой дом. И просто по дурости открываем ему дверь. Этот кто-то просовывает в дверь ногу, но не просто придерживает дверь, а постепенно, понемножку, внедряется в прихожую, и вот он уже в нашем доме и, развалившись, пьет чай и ест наши плюшки.

Итак, все это означает, что нужно начать с маленькой просьбы и постепенно увеличивать требования. Человек, согласившийся на первую маленькую просьбу, легко соглашается и со следующими маленькими просьбами. И когда он привыкнет со всем соглашаться, тут-то мы ему — раз, и большую, просто огромную просьбищу!

Вот и я начала с маленькой, совсем незначительной просьбы — можно ли мне поменять в ванной вешалку для полотенец. Дима даже удивился, почему я спрашиваю его о такой ерунде. Затем я незаметно повышала ставки и поочередно попросила разрешения повесить новое зеркало, купить шкафчик, поменять раковину и поставить новую ванну.

И наконец, вот оно, ради чего я затеяла весь разговор, — джакузи!

— Ты зальешь весь дом, мы месяц будем жить в ремонте, для джакузи не хватит напора воды, согласно последним исследованиям джакузи неполезно и даже вредно, что за новорусские замашки, а впрочем, делай что хочешь, только меня, пожалуйста, не трогай... — вот что сказал Дима.

Уф-ф... Договорилась, ура! Мне так хочется хоть что-нибудь сделать! Стеклопакетов у нас не будет никогда, это уже ясно, так пусть хотя бы джакузи!

Все это время я не переставая смотрела на Диму эротичным взглядом.

— Ты что так странно смотришь?.. — испуганно спросил он. — Может быть, я все-таки могу предложить тебе немного валокордина?..

Четверг

Ремонтик

Думаю, ничего страшного. Думаю, в любой семье иногда бывает такое стыдное кино, которое нельзя показать зрителям.

Во всяком случае, ничто не предвещало, что мы все так сильно поссоримся.

Все было очень хорошо, у нас начался ремонтик. Джакузи обещали поставить через неделю.

А сегодня нам разломали стены в ванной и сняли сантехнику, то есть мы остались без сантехники вообще и даже без унитаза.

Рабочие очень удивились, что мы не захотели изолировать себя от унитаза на неопределенное время. Сказали, что они просто не подумали, и поставили унитаз обратно, но не привинтили, а просто поставили приблизительно на старое место.

Перед тем как пойти в туалет, нужно кричать: так, все быстро вышли из квартиры на лестницу! Это всех как-то особенно сблизило, и вообще было довольно весело. Я так подробно пишу про унитаз, потому что он сыграл определяющую роль в ссоре.

Мы с Димой сидели на кухне. Вообще-то, назвать ЭТО кухней можно было только условно. Мешки с цементом и все такое.

— Знаешь, что я думаю про фрекен Бок, — вдруг глубокомысленно произнес Дима. Очевидно, последние два дня он думал только про фрекен Бок. — Она все время давит, заставляет Малыша мыть руки... Он ее боится.

В Димином голосе неожиданно прозвучала горестная нотка.

Мы пили чай, примостившись на краешке плиты (на столе лежали инструменты и плитка), и мирно обсуждали фрекен Бок.

Дима сказал, что такие женщины, как фрекен Бок, остались только у нас в России, потому что фрекен Бок — порождение тоталитарной системы.

Я не стала с ним спорить, только сказала, что ничего подобного — в разных политических системах живут разные люди, и даже в самом демократическом обществе встречаются очень властные, которым нужно, чтобы всегда был обед. Чтобы всегда был обед и чтобы все сидели тихо, сняв куртки и вымыв руки, и всегда их слушались. А больше им ничего и не нужно — ни радости никакой, ни даже счастья, — ничего, только обед и вымытые руки.

Дальнейшие события напоминали мультфильм, такие они были быстрые и громкие.

Сначала вдруг истерически закричала Киса, которой срочно понадобилось в туалет:

— Сколько можно ждать, быстро все выйдите из квартиры!

Как только мы вышли на лестницу, снова раздался истерический крик:

— Все сюда! Скорей!

Оказалось, в бывшей ванной прорвало воду. Никогда не видела, чтобы вода хлестала прямо из стен!

Дима не растерялся и быстро подставил под стенку чайник, который мгновенно заполнился водой. Вода продолжала хлестать из стен на пол.

Такс не растерялся, быстро бросился в таз и сразу же захлебнулся.

Все кинулись на помощь Таксу. Все кричали и вырывали Такса друг у друга.

В борьбе за Такса победил Дима и, стоя под струями воды, как под душем, принялся делать Таксу искусственное дыхание.

Остальные бегали вокруг Такса и причитали, пытаясь проникнуть сквозь струи воды и погладить Такса. Вода хлестала, как водопад.

*Некоторые счастливчики встречают
в жизни только приятных людей*

Я закрыла глаза и надеялась, что само собой придет хоть какое-нибудь спасение.

И тут пришел сосед снизу и заткнул собой трубу.

Затем приехала аварийка. Аварийка перекрыла трубу гаечным ключом и отключила нам воду и заодно свет. Во время визита аварийки Дима не сказал ни слова и стоял с трагическим выражением лица с Таксом на руках. На вопрос «Хозяин, где у тебя разводка?» Дима вздохнул так, что аварийщик подмигнул мне и сказал: «Оставлю тебе телефончик, если что, звони...»

Не знаю, что он имел в виду: если опять что-нибудь прорвет или вообще хотел спасти меня из этого брака.

Казалось бы, это наводнение должно было сплотить нас, сплести в неразрывный клубок всех, включая соседа снизу. Но нет.

Сосед сказал, что мы должны в самый короткий срок оплатить его бывший евроремонт, и удалился, несмотря на мои уговоры остаться и еще немного поболтать.

Дима сказал, что теперь из-за меня мы должны оплачивать соседские вензеля, искусственную лепку и обои под Эрмитаж. Не говоря уж о нашем собственном ремонте. Который можно было вообще не делать, а теперь даже нет унитаза, и кому нужно это твое джакузи!

Интересно, какого рода джакузи? Думаю, джакузи — это он.

— Ах, мой джакузи! — сказала я. — Значит, можно было сделать быстро, а я растянула на недели!..

— Я вообще не хотел никакого джакузи, — холодно ответил Дима, — а у тебя получилось подороже, зато подольше... И вообще, тебе всегда нужно настоять на своем! Ты просто домашний деспот, вот ты кто.

И тогда я спокойным страшным голосом наконец-то выложила ему всю правду в глаза.

а) Да, я хотела джакузи, ну и что?.. Почему бы мне не хотеть джакузи, раз в доме есть мужчина? Но этого мужчину интересует только строительство нового корпуса. Этот мужчина с нежностью говорит о прокладке труб и водосборнике. Там, в новом корпусе. А водосборник в виде джакузи — это для него слишком мелко...

б) Я все сделала сама, например наняла рабочих. Рабочие вообще не знали, что в доме есть мужчина. Один рабочий-молдаванин сначала даже хотел на мне жениться. Он считал, что я одинокая женщина. Его не смутило, что у меня двое детей, у него и свои дети есть — четверо. В доказательство этого брачного предложения я могу показать комплект постельного белья, которое он мне подарил сегодня днем, когда собирался жениться. То есть я могла бы показать, но он его уже забрал, выяснив, что я замужем.

Дима в ответ бормотал, что на сегодня ему уже достаточно счастливой семейной жизни, завтра рано вставать, и что-то о встрече со строителями.

Всю ссору сопровождал греческий хор из Кисы и Котика, который не переставая выл: «Завтра не пойду в школу, никто не ходит в школу, когда ремонт...»

Я притворилась, что у меня сердцебиение, и Дима принес мне корвалол и измерил давление. Ничего не поделаешь, клятва Гиппократа. К тому же я не притворялась — у меня действительно есть сердцебиение.

— Ты деспот, — еще раз грустно констатировал в пространство Дима и гордо удалился с Таксом на руках в комнату к Котику, чтобы провести ночь на диване отдельно от меня.

По-моему, я еще никогда так сильно не обижалась на то, что меня назвали деспотом. Но ведь меня еще никогда не называли деспотом...

Пятница

Неужели я деспот?

Дима со мной не разговаривает про ремонт. Делает вид, что никакого ремонта нет, а это мы просто так живем без ванной и туалета.

Ничего, все люди ссорятся. Ссоры возникают из-за различных взглядов людей на все — на мир, на отношения, на события, на джакузи. Ссора — это хорошо, а не плохо, потому что в ссорах рождается истина. Вот когда-нибудь через неделю нам поставят джакузи, и тогда Дима поймет, что я была права.

Но пока конфликт углубляется. А сегодня вечером Дима вообще отказался есть тушеное мясо с картошкой!..

— Дай мне овсяную кашу без соли и масла, — показал он на тарелку каши, которая всегда стоит посреди стола.

— Зачем тебе есть муляж? — удивилась я. — Ешь лучше тушеное мясо с картошкой.

— Если уж я не могу пользоваться ванной и туалетом, могу я в этом доме хотя бы получить здоровое питание? — упорствовал Дима.

— Не вижу связи между здоровым питанием и ванной с туалетом, — так же упрямо ответила я, — от овсяной каши, наоборот, лучше работают органы пищеварения. Ешь мясо с картошкой, а то хуже будет!

— А ты... ты все время на меня давишь. Ты, Катя, типичная фрекен Бок, — печально подытожил Дима.

Неужели я ДАВЛЮ?..

Дима уверяет, что я на него давлю тушеным мясом с картошкой. Но ведь это для его же пользы, чтобы ему было вкусно!

Киса считает, что я задавила ее по всем пунктам — уроки, бальные танцы, французский, ложиться спать в одиннадцать. Но это же все для ее пользы! Чтобы она выросла культурным человеком из хорошей семьи!

Даже Котик жалуется, что я на него давлю насчет палочек и мытья рук перед едой. А что он хотел бы — писать как кура лапой? Грязной лапой?

Это неправда, что я давлю, я просто о них забочусь... Давят только деспотические личности вроде фрекен Бок.

Такс размером с ботинок — тоже деспотическая личность. Когда мы едим, Такс заставляет поставить ему тоже тарелку, и каждый кладет ему туда свою дань.

Я не такая.

На всякий случай нужно проверить: вдруг я все-таки деспотическая личность?..

Суббота

Деспотическая Личность, или Ты у меня будешь шелковым

Мы все хотим только одного — чтобы нас любили. И даже фрекен Бок со своей «милой и приветливой улыбкой людоедки» тоже хочет, чтобы ее любили. А ее и других фрекен Боков никто не любит. Почему? Может быть, им просто не везет в любви? Может быть, все устроено несправедливо — некоторые, счастливчики, встречают в жизни только приятных людей, а другие, несчастливчики, все время случайно попадают на гадких, противных?

Существуют два типа людей: одни ориентированы на достоинства, а другие на недостатки.

Тот, кто ориентируется на достоинства, подсознательно считает: какие же все-таки люди милые!

Завязывая с кем-то отношения, ориентированный на достоинства человек заранее уверен в привлекательных качествах своего нового знакомца. Поэтому он не ждет от него никаких гадостей, а, наоборот, мило и доброжелательно улыбается, а также посылает разные другие видимые и невидимые дружеские сигналы. В общем, всячески предлагает себя как приятного человека. А также позитивные отношения и уверенность, что после нового знакомства немедленно начнутся всеобщая любовь и счастье.

Новый знакомец принимает такой ласковый сигнал и подсознательно воспринимает предлагаемые позитивные отношения как поощрение или даже награду за то, что сам он такой хороший и милый и всем нравится. Если наш новый знакомец и правда милый, то эти позитивные отношения для него органичны и естественны. А если на самом деле он вовсе не милый, а типичная козья морда, то у него все равно нет выхода, — тогда он отвечает позитивными отношениями за то, что его разглядели и вроде бы наконец оценили по достоинству. Когда нас считают хорошими, мы в ответ обязательно будем хорошими, сначала уж точно. А возможно, и дальше.

В основе поведения людей, ориентированных на достоинства, лежит очень сильное чувство — практически непреодолимая любовь к самим себе.

— Хочешь пойти познакомиться с моими мамой и папой? — спросил Малыш.

— Конечно! С восторгом! — ответил Карлсон. — Им будет очень приятно меня увидеть — ведь я такой красивый и умный... — Карлсон с довольным видом прошелся по комнате. — И в меру упитанный, — добавил он. — Короче, мужчина в самом расцвете сил. Да, твоим родителям будет очень приятно со мной познакомиться.

Люди, ориентированные на достоинства, — ужасные, неисправимые эгоисты, которые в глубине души (и даже не очень глубоко) убеждены, что они хороши. Что их все любят, они всем нравятся. Обычно они не ошибаются — в ответ их любят, ну или, по крайней мере, они нравятся.

Принципиально иной тип личности — тот, кто ориентирован на недостатки. Это не плохой человек или не обязательно плохой, но... несколько скептически настроенный, излишне проницательный, подозрительный или же просто желчный. Как правило, он уверен в своем знании человеческой природы, истинных мотивов человеческих поступков и невысоко ценит человечество в целом.

— Ах вот как! У вас, значит, собачка? — сказала фрекен Бок.

Мама заметно встревожилась.

— Вы не любите собак, фрекен Бок? — спросила она.

— Нет, отчего же, я их люблю, если они хорошо воспитаны. Он будет хорошо воспитан, если я поступлю к вам. У меня собаки быстро становятся шелковыми.

— Надеюсь, вы любите детей, фрекен Бок, да?

— О да, конечно, если они хорошо воспитаны, — ответила фрекен Бок и уставилась на Малыша.

И снова мама смутилась.

— Я не уверена, что Малыш хорошо воспитан, — пробормотала она.

— Он будет хорошо воспитан, — успокоила маму фрекен Бок. — Не беспокойтесь, у меня и дети быстро становятся шелковыми.

Если человек считает, что люди в большинстве своем неприятные, то он живо реагирует на их недостатки и непроизвольно выражает это отношение к другому. Предъявляя новому знакомцу свое заранее подготовленное НЕПРИЯТНОЕ лицо, он тем самым сразу же предлагает негативные отношения и себя как неприятного человека. И, между прочим, оценивает собеседника тоже как неприятного человека.

Естественно, в ответ он получает такую же негативную реакцию. Если нас считают плохими, то мы и будем плохими.

«Вот и еще один неприятный тип попался», — подумает ориентированный на недостатки человек, получая подтверждение своих ожиданий. И будет прав, неважно, что он сам высветил это неприятное.

Потому что у людей действительно много недостатков: один ноет, другой слишком громко лает, третий чересчур увлекается плюшками.

Люди, ориентированные на недостатки, любят рисовать обобщенные картины жизни: и правда, что хорошего можно ждать от мальчика, который ноет, и от щенка, который лает? Ясно, что ничего...

Этим людям не везет в любви.

У людей так много недостатков: один ноет, другой слишком громко лает, третий чересчур увлекается плюшками

Малыш сразу ясно понял, что никогда не полюбит фрекен Бок.

Надо же, какое совпадение, вот и Дима, когда мы обсуждали фрекен Бок, сказал: «Я бы ей себя не доверил». А вот мне, например, он себя доверил, несмотря на небольшой ремонтик!

Но ведь и Деспотические Личности — тоже люди, они не обязательно толстые, бесформенные, одетые во фланелевые халаты, а, наоборот, могут быть на вид чрезвычайно хорошенькими, нежными и голубоглазыми. И у них бывает пора цветения, вслед за которой они выходят замуж и затем как умеют ведут свои дела по части любви и семейного счастья. И они искренне считают, что тоже умеют любить не хуже других, а то и лучше.

— Надеюсь, вы любите детей, фрекен Бок, да?
— О да, конечно, если они хорошо воспитаны...

строгих людей

У Деспотических Личностей имеются взгляды. Есть свои понятия: «Дети должны чувствовать твердую руку». Особенно у них много принципов: «Опыт подсказывает мне, что ласка не всегда помогает». И, как все люди с принципами, они не то чтобы безжалостны или как-то особенно злы, но... Но, в общем, да, довольно злы.

Деспотические Личности плохо понимают или совсем не понимают, что чувствуют другие люди, то есть по сравнению с другими у них пониженная эмпатия. Они настолько же не в состоянии понять чужие чувства, как если бы, например, у них не было носа, чтобы понюхать, ушей, чтобы услышать, и глаз, чтобы посмотреть. Зато у них есть любимое слово. Больше всего фрекен Боки любят слово «виноват», предпочтительно в сочетании со словом «сам» — «ты сам виноват».

Деспотические Личности плохо понимают чужие чувства, зато очень хорошо и четко выстраивают для себя непробиваемую логику обстоятельств: я поступаю так, поскольку — первое, второе, третье...

Это странно, но подчиняющие любимых своим правилам очень болезненно стремятся, чтобы все у них самих всегда было по правилам.

— Сегодня вечером я выступаю по телевидению. Мне надо успеть сделать прическу, и принять ванну, и побывать у массажистки и маникюрши, и купить новые стельки.

— Новые стельки?.. Да кто их увидит по телевизору?

— А разве я сказала, что их кто-нибудь увидит? Во всяком случае, мне нужны новые стельки...

И на других людей нетерпимые люди, деспоты, тоже обрушивают логику обстоятельств: ты должен действовать так, а не иначе, поскольку — первое, второе, третье...

Любовь нежной голубоглазой Деспотической Личности — это всегда очень сильное чувство.

К любви, как к любой частности жизни, Деспотическая Личность подходит очень ответственно. Она не пускает любовь на самотек.

Деспотическая Личность всегда права, потому что она все делает не просто так, а для нашей пользы. Она с такой страстью хочет сделать из нас человека, как будто она папа Карло, а мы — полено или еще какая-нибудь неживая природа. И она действительно ведет себя так, словно имеет дело не с реальным человеком, а с неживой природой, с некой схемой.

— Все мучное портит аппетит, — заявила она. — Никаких плюшек ты не получишь.

— Но... — начал было Малыш.

— Никаких «но», — перебила его фрекен Бок. — Прежде всего, на кухне мальчику делать нечего. Отправляйся-ка в свою комнату и учи уроки. Повесь куртку и помой руки! Ну, поживей!

Малыш для Деспотической Личности — не живой Малыш, любимый человек — не живой любимый человек, а предмет воспитания и должен действовать согласно установленным ею правилам. Обычно деловая и организованная Деспотическая Личность отводит на воспитание любимого человека строго определенное небольшое время. При этом Деспотическая Личность уверена, что справится с нами быстро: «Надеюсь, часа хватит, чтобы сделать тебя шелковым». Она и правда уверена, что почти мгновенно приведет нас в порядок...

Деспотические Личности всегда начеку, чтобы их не обманули. Они недоверчивы, ревнивы, подозрительны и ужасно-ужасно обидчивы.

Карлсон... подцепил своим пухленьким указательным пальцем фрекен Бок за подбородок, а потом ткнул в красивую брошь, приколотую у ворота.

— Красивая вещь, — сказал он. — Где ты ее стянула?

— Убирайся вон! Слышишь? Я сказала: вон!

— Успокойся! — сказал Карлсон. — Я ведь только спросил, а когда вежливо задаешь вопрос, можно надеяться на такой же вежливый ответ.

— Вон! — кричала фрекен Бок.

— Во-первых, мне необходимо выяснить одну вещь, — сказал Карлсон. — Не замечала ли ты, что по утрам у тебя немеет тело? А если замечала, то не хочешь ли, чтобы я тебя полечил?

Фрекен Бок обвела кухню диким взглядом в поисках какого-нибудь тяжелого предмета...

На самом деле Деспотические Личности даже обижаться по-человечески не умеют — нет чтобы удивиться, или начать оправдываться, или просто отойти в сторону и там тихонечко заплакать.

Хотя бывает и так, что Деспотическая Личность внезапно начинает плакать и жаловаться или проявляет еще какие-нибудь человеческие чувства. Это ужасно для нас, бедных Малышей... Бедные Малыши, сраженные таким неожиданным проявлением чувств, тут же готовы сделать для нее все, чтобы она перестала огорчаться и немедленно опять стала Деспотической Личностью. Ну а той только того и надо, она радуется, что так ловко сумела снова прибрать нас к рукам, и, возможно, уже планирует ужесточение условий нашего содержания.

Деспотические Личности ни за что не прощают измены. Измена для них — довольно широкое понятие и может включать в себя недостаточное послушание или же просто несогласие с их мнением.

При этом Деспотическая Личность ругается и кричит, что она давно уже договорилась с нами о настоящей любви и НАСТОЯЩЕМ ПОСЛУШАНИИ, а мы ее предали.

Но мы же не знали! Мы-то считали, что нас тоже будут любить!.. Мы же не договаривались, что нас будут запирать в комнате и не давать нам плюшек!

Деспотическую Личность ждет печальная судьба — никто не хочет навсегда стать схемой, превратиться в неживую природу или идеальный образ. Поэтому любовь либо навсегда покидает Деспотическую Личность, либо обманывает ее — притворяется или врет.

Так что Деспотической Личности неплохо бы задуматься и ослабить хватку.

Вот она какая, Деспотическая Личность! Сама требует от нас любви, а сама не дает нам взамен главного — свободы быть такими, какие мы есть. Сказано же ей: «Деньги дерешь, а корицу жалеешь! Берегись!..»

...Стоп! Пока что по всему выходит, что Деспотическая Личность — это не я. То есть я не фрекен Бок. Я не в халате со скалкой в руках, а в джинсах. У меня ничего не бывает по правилам, например, вместо джакузи до сих пор нет унитаза...

Слава богу, а то я очень боялась, вдруг я все-таки Деспотическая Личность...

Послала Диме SMS: «Раз я не деспотическая личность люблю прости разруху никаких джакузи вернись в ванну».

Получила ответ: «До моего прихода не выходи замуж за рабочего-молдаванина».

Послала Кисе и Котику в соседние комнаты SMS следующего содержания: «Киса и Котик живите без меня как куры с грязными лапами».

Получила краткий совместный ответ от Кисы и Котика: «Проверь рефлексы».

Понедельник

Спасение от Деспотической Личности

Ну, и что же нам, бедным овечкам, делать, как защитить себя, если мы случайно попали в руки Деспотической Личности?

— Угадай, кто лучший в мире укротитель домомучительниц?

Малыш сразу догадался, но никак не мог себе представить, как Карлсон справится с фрекен Бок.

— Я начну с того, что буду ее низводить.

— Ты хочешь сказать «изводить»? — переспросил Малыш.

Такие глупые придирки Карлсон не мог стерпеть.

— Если бы я хотел сказать «изводить», я так бы и сказал. А «низводить», как ты мог бы понять по самому слову, — значит делать то же самое, только гораздо смешнее.

Деспотическую Личность можно низводить двумя способами — плюшками и подбадриванием.

Низведение плюшками ни в коем случае не означает, что мы должны подкрасться к Деспотической Личности и ловким движением руки выхватить у нее плюшки. Совсем наоборот! Мы не должны противодействовать Деспотической Личности и отнимать у нее самое дорогое — питание, власть или претензию на вечную правоту.

...С улицы донесся какой-то странный звук, похожий на мычание. Она стремительно обернулась и обнаружила, что плюшек на блюде не было.

Фрекен Бок завопила в голос:

— О боже, куда девались мои плюшки?

Она кинулась к подоконнику. Может, она надеялась увидеть, как удирает вор, сжимая в охапке сдобные плюшки. Но ведь семья Свантесон живет на четвертом этаже, а таких длинноногих воров не бывает, этого даже она не могла не знать.

Особенно болезненно Деспотическая Личность воспринимает ситуацию, когда она оказывается некомпетентной, то есть нашлось что-то, чего она не понимает.

Фрекен Бок совсем взбесилась.

— Ничего не понимаю! — вопила она. — Решительно ничего.

— Да, это я уже давно заметил, — сказал Малыш. — Но стоит ли огорчаться, не всем же быть понятливыми.

За эти слова Малыш получил пощечину.

Низведение плюшками означает использование единственного оружия, которого нет у Деспотической Личности, самого острого оружия — чувства юмора.

Поскольку Деспотическая Личность не воспринимает нас как реальных людей, то и нам остается ответить ей тем же. Мы можем представить ее Нереальной Личностью — маленькой, смешной, с какими-нибудь совершенно не свойственными ей качествами. В общем, поступить с нашей собственной Деспотической Личностью, как Карлсон поступил с фрекен Бок.

Ведь все остальные, все, кроме домомучительницы (мама, папа, брат и сестра Малыша), живут в реальном мире, сами совершенно реальны и даже тривиально скучны. Они не знакомы с Карлсоном, ведут обычный буржуазный образ жизни, а вовсе не гоняют со скалками в мире привидений. И только фрекен Бок приходится стать «игривой, как молодой лев», прятаться от привидений в шкафах, в общем, стать Нереальной. Конечно же, это абсолютно фантастическое видение Деспотической Личности, но иначе нам от нее не защититься.

Второй способ борьбы — подбадривание, требует от нас терпения и понимания, что Деспотическая Личность не столь страшна, как мы ее боимся.

Деспотическая Личность внутренне не уверена в себе и во многом беззащитна. Это кажется странным, но только на первый взгляд. Человек, который считает, что он всегда прав, на самом деле страшно уязвим, — а вдруг он окажется НЕ прав? И как тогда жить?.. Поэтому в душе Деспотическая Личность очень нуждается в подбадривании.

Если мы хотим низводить Деспотическую Личность подбадриванием, мы должны выразить понимание ее людоедских чувств и душевных движений. Сказать, к примеру, так: «Дорогая Деспотическая Личность, я понимаю все ваши опасения, все ваше возмущение... А не опишете ли случаи из вашей жизни, когда вы были правы, а все остальные нет?.. Спасибо, было очень познавательно». Что-то вроде этого.

Нужно будет не забыть сказать Диме, Кисе и Котику: если я все-таки Деспотическая Личность, пусть в следующий раз, когда я буду на них давить, они попробуют представить меня в виде... ну, например, зайца. Я недавно видела одного зайца в лесу, он был такой неожиданно большой, сидел смирно. Я боялась зайца, а заяц боялся меня... Да, в виде зайца будет хорошо.

Ох, чуть не забыла! Есть еще и третий способ борьбы с Деспотической Личностью — ее можно просто пожалеть. Но это возможно только в случае, когда она не затрагивает наших интересов, а болтается на обочине нашей жизни. Или если мы от природы ангелы.

Вторник

Осторожно, очень страшно!

Бедные, бедные фрекен Боки...

Нас всех подстерегает одна очень опасная опасность — она называется «самосбывающееся пророчество».

В принципе, это относится ко всем — и к Карлсонам, и к фрекен Бокам, но именно в жизни фрекен Боков самосбывающееся пророчество играет очень важную и очень плохую роль.

Многие знают — если мы что-то себе напророчим, то это что-то непременно случится. Существует множество очень простых, знакомых каждому подтверждений этому предательскому явлению: если мы боимся споткнуться, выходя на сцену, то уж непременно споткнемся и опозоримся у всех на глазах. Если мама гипнотизирует взглядом ребенка, опасаясь, что он упадет, то он обязательно падает, ведь в данном случае мама и ребенок — единое целое.

Это так, но на самом деле все еще гораздо, гораздо сложнее! ОЧЕНЬ СТРАШНО!

Вот как бывает. Мы что-то придумали, в чем-то себя убедили, сами себя испугали, сочинили бяку-закаляку кусачую, ну и теперь, конечно, ее боимся. Кто-то боится, что его бросят, кого-то настойчиво преследует мысль, что он не в меру упитанный и его никогда не полюбят, кому-то кажется, что им пренебрегают, а кто-то подозревает измену, — мало ли у кого какие страхи.

И вот в нашем сознании беспрерывно проигрывается сочиненная нами ситуация. Мы подробно представляем, КАК именно это страшное произойдет или КАК именно нас не любят.

Это еще не все. Мы бессознательно начинаем вести себя таким образом, что сами провоцируем то ответное поведение партнера, которого так боимся. Что-то неуловимо меняется в нашей мимике, выражении глаз, словах, и мы непроизвольно ведем себя так, словно эта ситуация не придумана нами, а УЖЕ ПРОИСХОДИТ, разыгрывается прямо сейчас.

Но и это еще не все. Дальше САМОЕ СТРАШНОЕ. Дальше эта придуманная ситуация действительно ПРОИСХОДИТ.

Получается, что мы сами себе придумали, сами разыграли, сами раскланялись, сами заплакали и сами ушли со сцены...

...Возьмем, к примеру, Кису. Киса сидит дома, ждет звонка от своего мальчика. Мальчик не звонит, Киса ждет.

Киса уже успела много раз прокрутить в голове мысль, что она ему не нужна. И никому она не нужна...

Наконец мальчик звонит, и Киса непроизвольно разговаривает с ним специальным голосом — несчастным голосом, в котором явственно звучат нотки того, что она пережила за этот день, — беспомощность, одиночество, зависимость. Не говоря уж о том, что все эти чувства Киса выражает еще и словами.

Мальчик слышит эти нотки третьим ухом и так же непроизвольно отзывается — немного покровительственно, слегка пренебрежительно...

Киса слышит это, ведь у нее тоже имеется третье ухо, и соответственно реагирует, покорно принимая легкое пренебрежение: она же знает, что заслужила это. В ответ мальчик усиливает долю пренебрежения, ведь Киса показала, что она его заслуживает...

Вот и выстроилась цепочка, вот круг и замкнулся. Киса думает: он меня бросит, бросит... И невольно ведет себя так, как будто он ее уже немножко бросил. И противный мальчишка бросает бедную Кису, а что же ему остается, если она уже сама сделала за него полдела.

Конечно, и у Карлсонов может запуститься механизм самосбывающегося пророчества, но у них есть очень сильная защита: все-таки Карлсоны очень себя любят, не склонны рисовать страшные картинки с собой в главной роли и вообще пугать себя понапрасну.

А вот Деспотические Личности находятся в этом смысле в большой опасности. Они значительно чаще обижаются, настроены на оборону и вообще предполагают плохое, поэтому они очень сильно подвержены действию самосбывающегося пророчества.

Если честно, мы с Кисой и Таксом — Деспотические Личности в зачатке. При этом Киса находится где-то между Таксом и мной. Надеюсь, никто из нас не расцветет в настоящую Деспотическую Личность. Зачем мне, Кисе и Таксу лишние неприятности в жизни?..

Четверг

Очень большие деньги

Сегодня Дима пришел домой без своего обычного ЛИЦА, а, наоборот, очень довольный и слегка таинственный.

Оказывается, произошло Очень Радостное Событие, — а мы и не знали, — в Германии купили права на издание Диминого учебника по невропатологии. Не помню точно, как называется, в общем, про то, как правильно стучать по больному молоточком. Я тоже вошла в учебник в качестве героя главы «Один очень странный случай неврита лицевого нерва».

Весь вечер мы обсуждали, как потратить немецкий гонорар.

С одной стороны, подошел час расплаты за джакузи — в том смысле, что нам нужно делать ремонт соседу снизу. С другой стороны, это было бы неправильно, ведь нижний сосед не знал про гонорар за учебник и сам восстановил лепнину на потолке. А мы должны отдать ему долг весной. Думаю, лучше так и поступить, чтобы он не волновался заранее.

Итак, наши предложения.

Киса: поехать в Альпы кататься на лыжах, все в новых горнолыжных костюмах. Сноуборды тоже приветствуются.

Дима: раз уж гонорар немецкий, то было бы логично приобрести на него что-нибудь немецкое. Новый энцефалограф как раз немецкий. И тут уж ничего не поделаешь. Хотя он, конечно, не знает, и мы все должны решить сами.

Я: тоже согласна приобрести что-нибудь немецкое, например «фольксваген-гольф» или «вольво». Тогда можно было бы бесконечно не ремонтировать старую Димину машину. Новые горнолыжные костюмы тоже неплохая идея. Альпы тоже... Рассвет в горах, снежные вершины, чашка кофе у камина на высоте сто километров над уровнем моря...

В душе я согласна с Кисой: почему именно МЫ должны осчастливить человечество новым энцефалографом, даже если старый промок и сломался?.. Если старая вещь ломается, необязательно сразу покупать новую. Можно попробовать высушить энцефалограф, починить или еще что-нибудь. Почему МЫ? Вместо чашки кофе в новых горнолыжных костюмах?

В общем, мое пионерское прошлое не позволило мне озвучить эту мысль, но я больше за Альпы.

229

Киса сражалась за нас обеих, как лев, я приговаривала что-то вроде: «Альпы... хотя, если старый энцефалограф сломался, тогда конечно... ах, как же я хочу в Альпы... Может быть, тебе вообще ничего не нужно, кроме нового энцефалографа? Тогда, может быть, ты вообще будешь жить в больнице...»

— Все, все были в Альпах, кроме нас! — выкрикнула Киса.

— Разве? — скептически поинтересовался Дима. — Я могу показать тебе много людей, которые никогда не были в Альпах.

Дима повернулся ко мне:

— Кстати, у тебя готова первая глава «Здорового питания»?

— Я... э-э... нет, — удивилась я, — ты же знаешь, творческий кризис и все такое...

— Никакой это не кризис, а просто твоя лень! Сколько можно врать и скрываться от издательства? А? Какой пример ты подаешь Кисе и Котику?

— Я пишу. Уже написала немного про питание в холоде, теперь правлю...

— Что ты там правишь!— выкрикнул Дима. — Правит она! Лев Толстой!

— Я бы не хотела обсуждать свое творчество при детях, — с тихим достоинством ответила я.

— Я не ребенок! — взвилась Киса.

— А ты вообще молчи, двоечница, — мгновенно нашелся Дима. — Я вчера прочитал кусок твоего сочине-

Интересно, в других семьях тоже ссорятся из-за денег и Льва Толстого или это только мы такие невыносимо культурные?..

ния по «Войне и миру»! Ты просто тупица! Как можно написать, что Толстой не любит Соню?! А?.. Как может писатель кого-то не любить? Это же персонажи! Они персонажи, а ты тупица!.. Кто это писал?!

— Почему тупица? — холодно возразила я, примериваясь взглядом к макаронам в дуршлаге — как бы красиво они свисали с его лица на плечи. — Да, это писала я. Толстой не любит Соню, ну и что? А ты мог бы со мной не спорить про литературу, — кто автор бестселлеров по питанию, ты или я?!

— Где ты взял мою тетрадь! — заорала Киса. — Ты рылся у меня в комнате?!

— Делать мне больше нечего, — ответил Дима, — твоя тетрадь лежала в холодильнике. Кстати, как она там оказалась?

— Это я положил, я просто пошутил, — признался Котик и нарочито зевнул: — Мне спать пора.

Киса бросилась к Котику и цапнула его за ухо.

— Не трогай ребенка, истеричка, — брезгливо сказал Дима и удалился, сопровождаемый криком Кисы:

— А-а! О-о! Я не истери-ичка!

Котик слез со стула и вышел из кухни, затем засунул голову обратно на кухню и удивленно спросил:

— А чего это все поссорились?

— Мы не ссорились, просто принимали решение, как лучше истратить немецкий гонорар... — честно ответила я.

Мы разошлись спать, никто ни с кем не разговаривал... Кроме Котика, который разговаривал со всеми. Подходил к каждому и предлагал поехать в Альпы на новой машине в новых костюмах.

Наивный ребенок — думает, что за учебник по обстукиванию неврологических больных молоточком платят такие большие гонорары...

...И что же нам делать? Почему наше Очень Радостное Событие превратилось в конфликт?..

Чем ссориться и переходить на личности Толстого и Кисы, лучше бы мы решили, не откладывая до весны, рассчитаться за лепнину на потолке нижнего соседа.

...Интересно, в других семьях тоже ссорятся из-за Толстого или это только мы такие невыносимо культурные?..

Пятница

Что нам делать?

Если хорошенько подумать, то конфликт гораздо лучше, чем всем сидеть по углам со своими разными мнениями и разными интересами и исподтишка точить зубы друг на друга. И все равно потом поссориться. При помощи конфликта можно попробовать удовлетворить ВСЕ интересы. И мои, и Димины, и даже Кисины.

Киса, кстати, даже не добившись своего, все равно останется довольна. У Кисы кроме своего конкретного интереса, каждый раз разного, всегда имеется еще один маленький интересик — ей нравится сам конфликт. Не потому, что она такая склочница, а просто для нее конфликт — это волнующая интрига.

А вот интересы Котика вообще невозможно удовлетворить при помощи конфликта, потому что у него всегда только один интерес — чтобы все были довольны.

Так что сам по себе конфликт — просто замечательно. Только мы, наверное, неправильно себя вели, потому что вместо приличного конфликта устроили неприличную склоку.

Существует несколько стратегий поведения людей в конфликтах, и самое удивительное — все они представлены в нашей семье.

Первая стратегия — уклонение от конфликта. Это любимая Димина стратегия. Я все время забываю, что Дима — главный врач большой больницы, а когда вспоминаю, то удивляюсь, как он умудряется справляться с этой своей больницей? Дома он всегда действует одинаково — уклоняется от конфликта на работу или, в крайнем случае, отходит ко сну.

Спать вместо конфликта — это очень разумная стратегия. Ее хорошо использовать, когда предмет конфликта не кажется важным по сравнению со своими, более важными задачами, и в этом смысле Дима действует разумно — работа для него важнее, чем наши семейные мелочи.

Но стратегии уклонения все-таки можно придерживаться не всегда, и даже Диме не удается проспать все конфликты.

Вот, к примеру, в позапрошлую субботу мы с Димой и Котиком уехали на дачу к друзьям, а на следующий день я вернулась одна, а они еще остались до вечера. Я пришла домой, и вот, пожалуйста, — конфликт! Пока нас не было, Киса привела толпу своих одноклассников, и они выпили две бутылки французского коньяка.

Стратегию уклонения от конфликта правильно применять, когда изучение ситуации и поиск дополнительной информации предпочтительней, чем немедленный скандал.

Вот я и поискала дополнительную информацию и обнаружила, что они еще выкурили все наши сигареты.

Кроме того, эта стратегия верна, когда нет условий для разрешения конфликта прямо сейчас, но через некоторое время они появятся. Так и случилось: вечером вернулся Дима, и мы вместе спокойно как два специалиста, невропатолог и консультант по питанию, объяснили Кисе, что дело не в друзьях. Кто же не водил домой компании, пока родители на даче?! Тем более дело не в коньяке — семьи всех хороших врачей могут годами купаться во французском коньяке. Дело в принципе: хочешь позвать друзей, скажи по-человечески:

— Уезжаете, дорогой папа, а также ты, Катя? А ко мне придут гости, какой коньяк можно взять? До свидания, до новых встреч.

А не тайком, как будто мы все всем запрещаем! Как будто толпе одноклассников нужно быстро прийти, быстро выпить и быстро налить чай в бутылки из-под коньяка. Кстати, для Кисиных одноклассников у Димы есть другой коньяк, попроще.

И если Киса будет курить, то она вся покроется морщинами поверх плохого цвета лица, и у нее когда-нибудь родятся слабенькие дети, так что, если хочется быть взрослой, пусть лучше умеренно выпьет.

236

Вся эта воспитательная речь и была нашей стратегией уклонения от конфликта.

Вторая стратегия — сглаживание.

— Ребята, правда же, мы никогда не ссоримся? — говорит нам Котик.

Сам он всегда всем доволен и ведет себя так, словно и остальные всем довольны и никаких признаков конфликта просто нет — Киса не склочничает, я не обижаюсь, Дима не замыкается в себе.

Вообще-то, в таком поведении что-то есть: если делать вид, что все хорошо, может, все и будет хорошо?

...Но ведь Котик когда-нибудь вырастет, у него будут взрослые, важные проблемы... И что же, ему всегда придется пренебрегать своими собственными интересами?..

Так что эта стратегия хороша до определенных пределов. Мир и дружба, конечно, важны в жизни, но очень часто случается так: сглаживание приводит к тому, что конфликт снова вспыхивает, да еще с удвоенной силой...

Вот, к примеру, я долго делала вид, что не замечаю записей в дневнике: «Ваш сын ел булку на уроке русского языка», «Ваш сын ел булку на уроке рисования». Это нормально. А когда я увидела запись: «Ваш сын ел булку на уроке пения», мне пришлось вмешаться, потому что петь с булкой во рту опасно — можно подавиться.

Следующая стратегия — компромисс. В сущности, компромисс — именно то, что выбрала Киса. Она не любит меня, и ей неприятно со мной жить, это понятно. Но по своим причинам (Котик, сочинения, мой косметолог и всякое другое веселье, теперь к этому еще прибавился Такс) решила, что все это вместе лучше, чем опять остаться вдвоем с Димой, вечерами сидеть дома одной. Плюс перспектива получить в качестве Диминой возможной жены Неизвестно Кого Еще Хуже Меня. Вот Киса и предпочла получить хоть что-то, чем потерять все, поэтому приняла позицию противника и согласилась вести себя по правилам. Но не просто так согласилась, а потребовала себе за это много уступок: ей можно пользоваться моей косметикой, можно приводить ко мне подружек и их мам насчет овсяной каши без соли и масла... и еще что-то можно, я забыла что.

Жизнь с Кисой — вообще один сплошной компромисс. Вчера, например, я ей разрешила кричать.

— Меня иногда все так злит, что я ужасно хочу кричать, — заявила Киса, — ну просто орать как резаная.

Я сказала, она может кричать дома, только не на меня, я очень боюсь крика. А просто в пространство, в своей комнате, зато сколько хочет.

Киса пошла к себе и закричала на одной ноте «а-а-а...». Так и кричала, пока не пришел Котик и не поинтересовался:

— Кисочка, чего орешь, как дура?

Так вот, можно относиться друг к другу холодно, но не враждовать — нормальный компромисс.

И это временное решение всех устраивает. Пока устраивает. Но ведь такое равновесие очень шаткое — любой компромисс не навсегда. Например, Кисе покажется, что я слишком многого от нее требую, а она недостаточно получает взамен. Или то, что она получает, ей больше не будет нужно, потому что она повзрослеет и отойдет от семьи.

Вот тогда Киса и покажет свое истинное ко мне отношение... Потому что компромисс — это искусственное согласие, а нелюбовь, как и настоящий конфликт, не скроешь, вот так-то.

Понедельник

Готова на все

Как я веду себя с Карлсоном? Он-то ни одной плюшки мне не уступит, это понятно... А я?..

Вот, к примеру, сегодня.

— Во время еды должно быть весело, — сказал Карлсон, уплетая конфеты, — я буду есть конфеты, а ты пока почитай мне мою книгу «Здоровое питание по Карлсону, который живет на крыше».

— Ну, э-э... она двигается, но не так, чтобы... чтобы читать.

— Возьми карандаш и записывай, — не переставая жевать, велел Карлсон. — Берешь булочку, намазываешь маслом, сверху вареньем...

— Каким вареньем? — деловито спросила я.

— Какое найдешь. Лучше вишневое с косточками. Косточки всегда пригодятся. Я планирую бросаться ими из окна.

— Ты не понимаешь... я же взрослая. Автор бестселлеров по питанию...

Я давно заметила, как только говоришь человеку «ты не понимаешь...», он почему-то обижается, и Карлсон тоже обиделся.

— Да, я ничего не понимаю. Зато я понимаю, что мне пора. Я не обиделся, просто мне НУЖНО выбросить хотя бы пару косточек из окна. Не бойся, не из твоего, ведь ты такая скучная...

— А из чьего? — насторожилась я. — Я не скучная!.. Можешь из моего.

Мы немного побросали косточки и быстро закрыли окно, чтобы никто не заметил, что это мы, а не крупный град.

И что? Какова была моя стратегия в конфликте?..

Думаю, это был компромисс, — просто я на многое готова, ТОЛЬКО ЧТОБЫ ОН БРОСАЛ КОСТОЧКИ ИЗ МОЕГО ОКНА. Мы обычно используем компромисс, а также стратегии уклонения и сглаживания, когда ЛЮБОВЬ нам дороже, чем предмет конфликта. Что такое град из вишневых косточек по сравнению с тем, что Карлсон может бросать эти косточки из ЧУЖОГО окна, не из моего?..

...Что-то пока все стратегии не очень действенные... Да и следующая не лучше, а даже много хуже, — это агрессия, принуждение. Бывают, конечно, случаи, когда эта стратегия правильная, но это касается разных экстремальных ситуаций, и тогда она не только правильная, но и единственная. Например, не дай бог, пожар, — тогда некогда рассуждать и уговаривать, уклоняться или искать компромисс, а нужно всех очень быстро спасти. Но в нормальной жизни эта стратегия очень плохая, самая плохая, наихудшая. Потому что силой чего добьешься?.. Ничего.

Глаза у Малыша блестели. Он продолжал плакать. Никогда в жизни он еще не получал пощечин, и ему было очень обидно. Он злобно поглядел на фрекен Бок. Тогда она схватила его за руку и потащила в комнату.

— Сиди здесь, и пусть тебе будет стыдно, — сказала она. — Я запру дверь и выну ключ, теперь тебе не удастся бегать каждую минуту на кухню. Она посмотрела на свои часы. — Надеюсь, часа хватит, чтобы сделать тебя шелковым. В три часа я тебя выпущу. А ты тем временем вспомни, что надо сказать, когда просят прощения.

И фрекен Бок ушла. Малыш услышал, как щелкнул замок: он просто заперт и не может выйти. Это было ужасно. Он ненавидел фрекен Бок.

Конечно, человека можно заставить поступить как нам хочется, например запереть в комнате, но ведь там, взаперти, он ни за что не будет растроганно думать, что мы правы, учить уроки и репетировать, как он попросит у нас прощения... Когда мы соизволим его выпустить...

Это мы так думаем, что он попросит прощения. А он возьмет и улетит от нас, как только мы отопрем дверь и наша власть над ним закончится.

Вторник

Любимые позы домомучительницы

Любимые позы домомучительницы не доставляют удовольствия партнеру. Фрекен Бок больше всего любит быть сверху. Это я не в смысле секса, а в смысле общения.

ПРАВИЛА ФРЕКЕН БОК ДЛЯ БЫСТРОГО, ПРОСТО МГНОВЕННОГО РАЗДУВАНИЯ КОНФЛИКТА

Чтобы нам было легче воспользоваться этими правилами и мгновенно раздуть хорошенький конфликт, можно всегда представлять себя большой толстой фрекен Бок, а партнера щупленьким Малышом с несчастным виноватым лицом.

Принять позу «сверху». Помнить, что наш партнер — это Малыш, независимо от его возраста и положения. Малыш внимает и побаивается, а фрекен Бок учит, снисходит, доминирует и важничает в стиле «изволь слушаться, уходи из кухни и учи уроки».

Хорошо бы помнить, что в прямом смысле тоже предпочтительно быть сверху, — стоять над сидящими людьми и нависать над ними как Божеское Наказание. Они будут ощущать наше доминирование даже на физиологическом уровне, и очень хорошо, нам только того и надо! Неплохо нависать над сидящими за столом, еще лучше подкрасться к людям, лежащим на диване, — чем они ниже, тем более беззащитными себя чувствуют, и тем более яростной может быть их реакция на нас. Так что все в порядке.

Наказывать Малыша (мужа, начальника, ребенка — неважно) только из позы «сверху». Это такое специальное наказание, в котором обязательно заложена еще и доля унижения. Здесь особенно хороши мелочные придирки, отключение телефона и компьютера, отлучение от супружеской постели на диван в гостиной и так далее. И еще «неразговаривание» — самое унизительное, что мы можем придумать для человека, которого мы и без того поставили по отношению к нам в позицию «снизу».

ПРАВИЛО ВТОРОЕ

Использовать «ты-высказывание» вместо «я-высказывания».

Это означает говорить Малышу только «ты мне не напомнил» и никогда «я забыла».

Или «ты не сказал мне» вместо «я не спросила».

Потому что, если случайно ошибиться и сказать наоборот, наш партнер по конфликту может вообще не заметить, что УЖЕ КОНФЛИКТ, и все пройдет мирно, а зачем нам мирно?..

ПРАВИЛО ТРЕТЬЕ

Всячески демонстрировать наше принципиальное отличие от Малыша. Потому что МЫ ЛУЧШЕ! ЧЕМ ОН! И ПУСТЬ ЗНАЕТ!

«Я, в отличие от тебя...» — это настолько чудное начало конфликта, что иногда можно даже не продолжать.

Однако нужно понимать, что здесь не имеется в виду что-нибудь не в нашу пользу, например: «Я, в отличие от тебя, такая зануда...» — или: «Я, в отличие от тебя, глупый маленький мышонок...».

Не-ет, имеется в виду совсем другое: «Всякому понятно, кто из нас умный и вообще лучше».

Например: «Я, в отличие от тебя, всегда думаю перед тем, как что-нибудь сказать» — и уже нормально, наш партнер сразу же понял, кто он такой.

246

Всякому понятно,
кто из нас умный
и вообще лучше!..

ПРАВИЛО ЧЕТВЕРТОЕ

Хорошенько пренебрегать проблемами Малыша.

Тут можно сказать, как фрекен Бок: «Мне некогда стоять здесь с тобой и выслушивать твои глупости» — неплохо.

Если вообще неохота разговаривать, можно выразить Малышу невнимание без слов — отвернуться, загреметь кастрюлями, уткнуться в телевизор, хорошо действует вообще уйти, особенно не демонстративно, а так, небрежно...

ПРАВИЛО ПЯТОЕ

Расширить зону конфликта насколько возможно.

— Почему ты сегодня не позвонил? Ах, у тебя не было времени... Ну а ПОЗАВЧЕРА что, тоже не было времени? А в ПРОШЛОМ ГОДУ ты вообще забыл поздравить меня с днем рождения...

Или:

— Ты опять...

— Ты всегда...

— Ты никогда не...

Или вот:

— У тебя вообще в последнее время появилась манера...

Или вот еще, самое убийственное:

248

— Что ты такое говоришь?.. У тебя прямо какой-то комплекс...

Ну или что-то еще в таком роде.

Вроде бы все. Осталось только перейти на личности, что мы с Димой и сделали во время обсуждения нашего Очень Радостного События. Здесь годятся абсолютно любые личности — наши собственные, а также личности «твоей мамы» или даже Льва Толстого.

Кстати, наш конфликт «Как потратить гонорар» разрешился сам собой. Отпала причина конфликта, то есть гонорар. Он оказался не то чтобы небольшой, просто не настолько большой. В общем, его хватило только на половину энцефалографа. На вторую половину энцефалографа Дима взял из какой-то платной медицины, а может быть, врачи просто собрали кто сколько может. Надеюсь, наша половина энцефалографа лучшая.

Да... Как удачно получилось с энцефалографом! А ведь мы могли бы отправиться к нижнему соседу и гордо сказать, что немедленно оплатим его лепнину. И вышло бы неловко, как будто Дима и я — дикие люди и не знаем, какие гонорары за учебники мы обычно получаем из Германии.

Среда

Решение проблемы с гонораром

Наш конфликт счастливо закончился за неимением гонорара, но ведь это не причина, чтобы не вспомнить о стратегии, с помощью которой мы МОГЛИ БЫ распределить наш гонорар, если бы он у нас был.

Стратегия последняя, лучше всего подходящая для распределения нашего гонорара и вообще разумного разрешения конфликта. Она называется «решение проблемы», и уже из названия понятно, что нужно как-то договариваться.

...Легко сказать — договариваться, но как?

В любом конфликте мы, естественно, находимся на своей позиции, а партнер на своей. И наши позиции несовместимы, потому что иначе никакого конфликта бы не было.

Но так мы никогда не договоримся...

Киса хотела в Альпы, Дима хотел новый энцефалограф, и это было так печально — мы действительно никак не могли это совместить...

Но тут нужны некоторые подробности о том, как Малыш и Карлсон спорят, чья бабушка ворчливей. Вообще-то, у Карлсона нет никакой бабушки, но он уверяет, что есть, и она самая ворчливая в мире.

Карлсон пихнул Малыша, потом усадил его на стул, а сам стал перед ним, упершись руками в бока:

— Нет, я вижу, ты мне не веришь. Так послушай, я расскажу тебе все по порядку. Вышел я на улицу и шлепаю себе по лужам... Представляешь? Веселюсь вовсю. Но вдруг, откуда ни возьмись, мчится бабушка и орет на всю деревню: «Переодень носки, Карлсончик, переодень носки!..»

— А ты что?.. — снова спросил Малыш.

— А я говорю: «Не буду переодевать, не буду!..» — потому что я самый непослушный внук в мире, — объяснил Карлсон. — Я ускакал от бабушки и залез на дерево, чтобы она оставила меня в покое.

— А она, наверно, растерялась, — сказал Малыш.

— Сразу видно, что ты не знаешь моей бабушки, — возразил Карлсон. — Ничуть она не растерялась, а полезла за мной.

— Как — на дерево? — изумился Малыш.

Карлсон кивнул:

— Уж не думаешь ли ты, что моя бабушка не умеет лазить на деревья? Так вот, ползет она по ветке... ползет и бубнит: «Переодень носки, Карлсончик, переодень носки...»

— А ты что? — снова спросил Малыш.

— Делать было нечего, — сказал Карлсон. — Пришлось переодевать, иначе она нипочем не отвязалась бы. Высоко-высоко на дереве я кое-как примостился на тоненьком сучке и, рискуя жизнью, переодел носки.

— Ха-ха! Врешь ты все, — рассмеялся Малыш. — Откуда же ты взял на дереве носки, чтобы их переодеть?

— А ты не дурак, — заметил Карлсон. — Значит, ты утверждаешь, что у меня не было носков?

Карлсон засучил штаны и показал свои маленькие толстенькие ножки в полосатых носках:

— А это что такое? Может, не носки? Два, если не ошибаюсь, носочка? А почему это я не мог сидеть на сучке и переодевать их: носок с левой ноги надевать на правую, а с правой — на левую? Что, по-твоему, я не мог это сделать, чтобы угодить бабушке?

— Мог, конечно, но ведь ноги у тебя от этого не стали суше, — сказал Малыш.

Карлсон кивнул.

— Теперь ты понял наконец, у кого самая ворчливая в мире бабушка?

Конфликт Карлсона и его бабушки ничуть не менее драматичен, чем любой другой конфликт. Как и положено в конфликте, Карлсон и бабушка находятся каждый на своей позиции, и позиции эти несовместимы.

Позиция бабушки понятна: Карлсон должен переодеть носки, и все тут! Позиция Карлсона тоже очевидна: он сидит на ветке в мокрых носках.

Казалось бы, договориться невозможно: Карлсон не может переодеть носки, потому что у него их нет. А бабушка так ворчлива, что не отстанет.

Но суть стратегии «решение проблемы» в том и состоит, что от несовместимых ПОЗИЦИЙ необходимо перейти к ИНТЕРЕСАМ, и тогда решение непременно найдется!

В чем состоит интерес бабушки Карлсона? Ее интерес в том, чтобы непременно настоять на своем, — она же самая ворчливая в мире. А в сухих носках Карлсон или в мокрых — это уже неважно, это находится вне сферы ее интересов.

В чем интерес Карлсона? Не в том же, чтобы упрямиться и сидеть на ветке. Его интерес в том, чтобы угодить бабушке.

От несовместимых позиций Карлсон переходит к интересам — переодевает носки с одной ноги на другую, чтобы угодить бабушке, и тем самым — ура, ура — разрешает конфликт!

Мы почти всегда можем перейти от позиций к интересам, переодеть носки и — ура, ура — разрешить конфликт. Иначе нам никогда не договориться — так и будем сидеть на разных ветках в мокрых носках и бояться подползающей к нам бабушки.

Поняла, Киса? Мы могли бы не расширять зону конфликта, не обзываться тупицей и не переходить на наши с тобой личности, а спокойно распределить наш гонорар методом «принятия решений».

— Поняла, не дура, — ответила Киса. — Наша позиция — Альпы, а папина — энцефалограф. Совместить невозможно. А интересы наши какие?

— Тебе лучше знать, какие у тебя были интересы.

— Допустим, я хотела научиться кататься на сноуборде. И что?

— А то, что можно купить энцефалограф и перейти к твоим интересам: на сноуборде кататься в Охта-парке, полчаса езды от дома.

— Допустим. А если у меня был другой интерес?.. А если я хотела сказать всем, что мы тоже едем в Альпы?

— Похвастаться хотела? Тогда еще проще. Ты могла бы похвастаться, что твой папа получил за изданный в Европе учебник такой огромный гонорар, что всю больницу заставил немецкой аппаратурой. И скоро получит Премию мира. Круто?

— Допустим, круто, — неохотно согласилась Киса. — Ну а у тебя какой был интерес?

— Мой интерес... Честно? Чтобы Дима понял, как я хочу в Альпы, но, так и быть, согласна на этот чертов энцефалограф... Чтобы он подумал, какая же все-таки у нее, то есть у меня, прекрасная душа...

Четверг

Ревнивый Котик

Сегодня ко мне пришел Котик. Это был обиженный Котик, надутый Котик, Котик с дорожками слез на пухленьких щечках.

— Я не хотел заранее тебя расстраивать, — важно сказал Котик, — но... у Кисы все время подружки, особенно по телефону...

— Я и так знаю, что у Кисы все время подружки. Особенно по телефону тоже знаю, потому что нам никто не может дозвониться. Ну и что? — не поняла я.

— У Кисы подружки, — втолковывал мне Котик, — а у меня только одна Киса.

Ах!.. Оказывается, мой ребенок переживает психологическую драму, а я и не заметила. Котик ревнует Кису...

Я перечислила нескольких малышей, которых считала его друзьями.

— Нет, — подумав, несчастным голосом сказал Котик, — из друзей у меня есть ты, Дима и Такс. А из лучших друзей у меня Киса. Не понимаю, зачем ей подружки, когда у нее есть я?..

Я сказала, что у взрослых мужчин тоже часто бывает совсем немного друзей, например один-два, или даже вообще не бывает.

Вообще-то, Котик напрасно ревнует Кису к ее подружкам, и я тоже напрасно ревновала Карлсона к его тайной от меня жизни. Я смогла справиться со своей ревностью, потому что понимаю, что Карлсон — экстраверт. И Киса тоже экстраверт, а Котик интроверт, а уж про Диму и говорить нечего, он не просто интроверт, а настоящий Интровертище.

Интроверт замкнут, самодостаточен и ценит уединение, общение для него — лишь незначительное содержание жизни, а экстраверт, напротив, не мыслит себя вне своего большого круга.

Интроверту трудно поддерживать много контактов. Роскошь человеческого общения для него именно что роскошь, то есть немного лишнее...

Приемлемое для Интроверта общение всегда интимно. У Интроверта есть постоянный круг близких друзей, достаточно узкий — от нескольких человек до одного или даже до никого.

Всех остальных Интроверт называет «знакомые». Это слово он произносит с неприятным лицом — нет-нет, ничего личного, это не человеконенавистничество, а всего лишь подсознательная неприязнь к тому, что в окружа-

Что этот тихоня делает один дома, что, что?! Я никогда не думала, что невысокие симпатичные черноволосые и чернобровые главврачи-невропатологи бывают такими трудными в простом человеческом общении...

ющем мире существует так много людей и все они покушаются на его уединение.

Находясь на многолюдной вечеринке по долгу службы (а по своей воле он там не может оказаться), Интроверт держит руку в кармане, поглаживая номерок от пальто, и прикидывает, скоро ли можно будет улизнуть. А немноголюдная вечеринка в дружеском кругу уже не такое преступление против человеческой природы, а просто нелепость. Домой!.. Дома хорошо...

В одиночестве Интроверт уже окончательно сосредотачивается на своем внутреннем мире и предается тихим наслаждениям — перечитывает любимые книги, рассматривает старый детский альбом с марками или глядит на плывущие облака и играет сам с собой в игру «На что это похоже».

Пока Интроверт предается одиноким наслаждениям, Экстраверт бежит с одной вечеринки на другую, танцует, болтает, принимает участие в демонстрациях или плавает в бассейне, зажав в руке мобильный телефон и делая попытки перекинуться парой слов с пловцами на соседних дорожках.

У Экстраверта вообще нет знакомых. У него есть только приятели и друзья, а также разные другие люди, которые уже почти что приятели и друзья.

Экстраверт ни мгновения не может провести наедине с собой и проявляет устойчивый живой интерес ко всему человечеству, включая даже ту его часть, с которой его свела судьба на автобусной остановке или в очереди в салоне красоты.

Экстраверт стремится к ярким переживаниям. Ему незачем находиться дома, ему кажется, что там он всеми покинут и его жизнь проходит зря. Ну, если только гости... Закрывая двери за приятелем, Экстраверт бросается к телефону, чтобы позвонить другу. Одновременно Экстраверт звонит по мобильному — а что, если того, первого, друга нет дома? Должен же он услышать живое человеческое слово хоть от кого-нибудь, лучше от обоих абонентов сразу.

Экстраверт стремится непрерывно разделять с окружающими свои эмоции и все, даже самые незначительные, жизненные впечатления. Одинокий Экстраверт, случайно заскочивший один в кино, блуждающим взглядом высматривает знакомых и хищно косится на соседей, прикидывая возможность напасть на них и хотя бы вкратце обсудить фильм.

Экстраверт очень жалеет Интроверта и искренне недоумевает: что, собственно, этот тихоня делает один дома?.. Наверное, думает Экстраверт, горько плачет оттого, что вокруг не вьются толпы знакомых. А Интроверт не понимает, зачем Экстраверту так много чужих людей, когда у него уже есть он и они вдвоем могут поиграть в тихие настольные игры.

Интроверт и Экстраверт вполне могут хорошо уживаться. Если Интроверт не будет вытаскивать Экстраверта из веселой компании и шипеть ему на ухо: «Или я, или они!» Не будет ревновать, склочничать и требовать, чтобы Экстраверт ограничился им одним. А Экстраверт не должен утомлять Интроверта своими друзьями, знакомыми друзей и друзьями знакомых.

И тогда они вполне могут хорошо уживаться. Возьмем, к примеру, нас с Димой.

Дима не хочет ходить в гости по будням. Ну и что? И по выходным не хочет. Ну и что? Зачем мне все эти люди?.. Я хоть и экстраверт, но не такой Экстравертище, как Киса и Карлсон, а разумный самодостаточный человек, поэтому я всегда могу пойти в гости одна.

...Я вот только все время думаю: раз уж Дима не хочет ходить со мной в гости, а хочет сидеть дома один как сыч, пусть тогда гости приходят к нам. По будням можно каждый вечер принимать несколько человек, самых близких, ну а по выходным компании побольше.

Я хотела пойти к Котику и сказать, что интроверту не стоит ревновать экстраверта... пусть себе летает, где хочет. Но оказалось, что Котик уже сам о себе позаботился: честно признался Кисе, что у него никого нет, кроме нее, для игры «Угадай животное». Я из-за двери детской слышала, как Киса изображала разных животных.

— Мя-ау! — страшно мяукнула Киса и еще немного подрыкнула: — Р-р-р!

— Кошечка? — понимающе спросил Котик.

Глупый ребенок, я, например, сразу догадалась — не кошечка, а тигр или гепард.

Пятница

Как курощать своих близких,
или
Вы не представляете себе,
что я могу сделать
с помощью одной небольшой простыни

Карлсон уселся на край стола с очень скромным видом и коробкой конфет «Рафаэлло».

— Экстраверт всегда ориентируется в жизни на что-нибудь приятное... — сказала я, — а Интроверт, наоборот, на плохое...

Обычно я не обсуждаю с Карлсоном ничего такого, а сегодня почему-то увлеклась. Эта парочка, Интроверт и Экстраверт, как-то особенно запала мне в душу, и вообще хотелось порассуждать.

— Вот, например, сегодня мокрый снег с дождем. Интроверт грустит по поводу плохой погоды. А Экстраверт радуется, что у него есть хоть какая-нибудь погода.

— Не говори мне ничего про этого Интр, а то я сейчас заплачу, — вздохнул Карлсон и запихал себе в рот сразу несколько конфет. — Кстати, у меня наверху есть портрет этого твоего Интр, называется «Очень одинокий петух». Не хочешь взглянуть?

Я не хотела.

— Как ты думаешь, что будет, когда выйдет моя книга о здоровом питании? — неожиданно спросил Карлсон.

— Ну... я думаю... а что будет?

— Полный мешок конфет, вот что будет! — торжествующе ответил он и мечтательно чавкнул.

— А вот Интроверт на твоем месте думал бы совсем о другом... — нравоучительным тоном сказала я.

— А что, этот Интр считает, надо брать два мешка конфет? — обеспокоенно спросил Карлсон. — Пожалуй, он прав...

Карлсон зевнул и перебрался на диван.

— Напиши немного сама. А я пока посчитаю, сколько конфет поместится в мешок...

На месте Карлсона Интроверт размышлял бы не о конфетах, а представлял бы себе разные страшилки: что у него вообще ничего не получится. И критики напишут: «Карлсон совсем не разбирается в здоровом питании...»

Страх наказания рождает у Интровертов мучительный дискомфорт — не потому, что они робки или трусливы, а потому, что так уж они устроены... Интроверту в житейском море всегда светит маячок наказания, и он всегда задает себе печальный и опасливый вопрос: что ждет его в будущем, если он НЕ СПРАВИТСЯ.

ЧТО МНЕ ЗА ЭТО БУДЕТ? — спрашивает себя Интроверт. Общественное порицание? Разорение? Нелюбовь, отторжение, отшлепают и тому подобные гадости? Наказание может быть материальным или физическим, а может находиться в сфере чувств и отношений.

Интроверт бурно реагирует на угрозу наказания, а Экстраверт радостно отзывается на поощрение. Планируя любое начинание, Экстраверт ставит вопрос по-другому: что будет, если он СПРАВИТСЯ. Перед ним как будто всегда висит такая хорошенькая морковка — это может быть общественное признание, похвала любимого человека или еще какая-нибудь награда.

ЧТО ХОРОШЕГО МНЕ ЗА ЭТО ДАДУТ? — интересуется Экстраверт. Любовь, похвала, финансовая выгода, общественное признание, свежие плюшки?.. Самое привлекательное для него, конечно, общественное признание.

Если его нет, Экстраверт организует себе признание самостоятельно.

— Мы будем играть в привидения и пугать людей. Вы даже не представляете себе, что я могу сделать при помощи одной небольшой простыни. Если бы все люди, которых я пугал до смерти, давали мне за это по пять эре, я мог бы купить целую гору шоколада. Ведь я лучшее в мире привидение! — сказал Карлсон, и глаза его весело заблестели.

У Интроверта все гораздо более драматично.

— С меня упадет простыня, и все сразу поймут, что я не привидение... — сказал бы Интроверт. — А если я испугаю кого-то до смерти, мне от него сильно попадет...

Интроверт смотрит в будущее, ожидая подвоха, а в глазах Экстраверта будущее в целом всегда выглядит неплохо. И даже совсем близко подступившее наказание воспринимается им не как жизненный крах, а как открывающиеся перед ним новые возможности.

— Вон! — закричала фрекен Бок. — Вон!

И Карлсон пошел к двери. Пошел с высоко поднятой головой.

— Ухожу, — заявил он. — Ухожу с радостью. Не ты одна умеешь печь блины.

Карлсон встрепенулся:

— Если ты не врешь про все это, значит, мы можем курощать этих Интр и Экстр по-разному... Предлагаю курощать плюшками или мухобойкой.

— Ну... да.

Нам, конечно, чаще хочется всех без разбору курощать мухобойкой. Угрожающе сказать: «НЕ сделаешь?! Ах так?! Ну, тогда я тебе покажу!» — и тут же обрисовать неприятные последствия такого поведения.

Но грозить Экстраверту наказанием — неблагодарное занятие. Экстраверт от нас разочарованно отмахнется, ему ведь свойственно не бояться, а мечтать о награде.

Поэтому курощать Экстраверта нужно плюшками, и только плюшками! Предлагать ему за хорошее поведение разные подходящие к случаю плюшки, например: «Если ты это сделаешь, я обниму тебя крепко-крепко! Так тебя стисну, что ты посинеешь!»

С Интровертом дело обстоит гораздо сложнее.

Страх наказания служит Интроверту сильнейшим стимулом к действию. Поэтому мы спокойно можем курощать Интроверта мухобойкой, сообщая ему, что будет, если он НЕ выполнит, НЕ сделает, НЕ справится.

«Если ты НЕ сделаешь, я больше никогда НЕ обниму тебя!..»

Но боязнь наказания не всегда действует на Интроверта в желательном направлении.

Необходимо помнить, что мухобойка — очень серьезное оружие в наших руках, а Интроверт — тонко чувствующее существо. Чересчур агрессивное курощение может полностью отвратить его от нас, вызвать озлобление или уход в себя.

— Я тебе покажу, как дерзить! — кричала фрекен Бок.

— Нет-нет, не надо, не показывайте! — взмолился Малыш...

Угроза наказания — очень сильное для Интроверта средство, поэтому прежде, чем красочно живописать ему последствия его поведения, необходимо подумать, не напугаем ли мы Интроверта настолько, что он вообще откажется иметь с нами дело.

Так что же нам предпринять — изо всех сил грозить наказанием? Или, наоборот, нежно поддерживать, не упоминая ни о каких негативных последствиях?

Может быть, мне пригрозить Диме:

— Если ты еще раз придешь с работы так поздно, я... я... даже не знаю, что я с тобой сделаю!..

И тогда он испугается и придет пораньше. Или испугается слишком сильно и вообще не придет, останется ночевать на старом кожаном диване в кабинете с табличкой «Главный врач».

Так что я не знаю, как лучше курощать наших личных Интровертов. Но, может быть, в данном случае главное — ЗНАТЬ? Знать, что Интроверту и без нас всегда кажется, что жизнь непременно поставит его в угол. И когда нужно, припугнуть, а когда нужно, поддержать.

Карлсон кинул в меня оберткой из-под конфеты.

— Эй, ты не забыла про меня?

— Если ты будешь мусорить, я больше не дам тебе конфет, — сказала я.

— Ну и не надо, — надулся Карлсон, — и обойдусь, и улечу, и больше не прилечу...

— Нет, не так, — поправилась я. — Я забыла, что ты ориентируешься на поощрение... Если ты не будешь мусорить, я ДАМ тебе еще одну коробку конфет.

— Хорошо, я не мусорю и жду конфет, — сложив руки на животе, кротко сказал Карлсон.

...Этот научный подход мне не слишком выгоден. Я ведь тоже люблю «Рафаэлло»...

Воскресенье

Тяжелый день для невротиков

Я не знаю, почему именно в этот день я решила отвечать за все... С самого утра я каждую минуту за что-нибудь отвечала. За непринужденную беседу во время завтрака, когда никто не хотел беседовать, а все хотели смотреть за едой мультфильмы (мне пришлось выключить телевизор), за культурную программу выходного дня, за фондю, которое я задумала еще вчера... И все время что-то внутри дергало меня, жгло и не позволяло мне расслабиться, а, наоборот, сводило мои губы в куриную гузку.

— Что-то у тебя лицевые мышцы сильно напряжены, — озабоченно сказал Дима.

Ничего это не лицевые мышцы, а просто я отвечаю за все...

...Фондю — это очень красиво. Фондю — это вам не котлеты...

Но сначала Эрмитаж. Все очень хотели в Эрмитаж. Правда, Дима больше хотел остаться один дома, а Киса и Котик пойти в кино. Но я несу ответственность за то, чтобы Дима, Киса и Котик выросли культурными людьми, поэтому — Эрмитаж.

Сначала нам повезло с погодой, — когда мы вышли из дома, пошел проливной дождь.

— Дождь — это очень хорошо, — преувеличенно радостно уверяла я, когда мы совершенно мокрые плелись по Дворцовой площади, — потому что в Эрмитаже нет дождя.

В Эрмитаже я пыталась взять на себя ответственность за то, чтобы все узнали, как развивалось итальянское искусство, но меня никто не слушал. Киса неслась по залам, как заяц, забегала вперед и возвращалась со словами «Ну, все?! Домой?», Котик надолго замирал у каждой картины и, наконец, окончательно потерялся в зале малых голландцев. Так что мы с Димой были как настоящие влюбленные, совершенно одни в мире прекрасного.

А после Эрмитажа мы вернулись домой, и настала очередь фондю.

Фондю поможет всей семье объединиться вокруг кастрюльки. Кастрюлька будет стоять на спиртовке посреди стола.

Каждый опустит в кастрюльку свою длинную вилочку и, отталкивая длинные вилочки остальных, попытается нащупать в кастрюльке кусочек еды, наколоть его на вилочку и вытащить, не обрызгав всех кипящей жид-

Как бы сделать так, чтобы все наши близкие и друзья всегда быстро делали то, что мы хотим? Понятно же, что мы лучше знаем, КАК надо, так вот — хорошо бы, ВСЕ беспрекословно нас слушались. Чтобы нам не тратить время на объяснения, а валяться на диване и смотреть в окно...

костью, а непринужденная беседа тем временем будет течь, как ручеек.

Внутри кастрюльки может быть расплавленный в вине сыр, могут быть кусочки мяса в масле. Но у меня ничего не было, кроме шоколада и булки. Вообще-то кастрюльки фондю у меня тоже не было. Пришлось быстренько сбегать в Пассаж и купить, потому что каждому ясно, что идея фондю очень подходит для нашего семейного обеда.

Я решила, что у нас будет шоколадное фондю. Это совсем просто — нужно взять шоколад, раскрошить его на куски и бросить в кастрюльку. А когда шоколад расплавится, плеснуть туда какой-нибудь алкоголь.

Сначала я долго устанавливала фондю на столе и пыталась зажечь спиртовку. Затем я позвала всех и торжественно погасила свет и зажгла свечи. Дима, Киса и Котик любовались красотой и вежливо просили котлет, но я строго сказала: у нас на обед красивое питательное шоколадное фондю.

Мы ждали, пока расплавится шоколад. Это было немного похоже на поход. Как будто мы все сидим у костра и ждем, пока в подвешенном над костром котелке приготовятся макароны с тушенкой.

А потом!.. Что было потом!..

Потом я жестом фокусника плеснула в кастрюльку полбутылки коньяку.

...Я никогда не думала, что расплавленный шоколад может мгновенно превратиться в маленькие сухие комочки, похожие на комья земли.

271

И на вкус тоже... В общем, эти комочки нельзя было даже использовать как бывший шоколад, не говоря уж о фондю.

...Дима сказал, что это мне урок. Какой урок, почему урок?..

Я отчего-то заплакала, совершенно необъяснимо. Просто я так хотела, чтобы было красиво, необычно, чтобы спиртовка... Безответственный человек вообще мог бы обойтись котлетами, а я старалась...

Я еще плакала, но уже сквозь слезы пыталась напомнить всем то, что они забыли: Диме про визит к стоматологу, Кисе про сочинение, Котику про палочки. И у всех испортилось настроение. Похоже, никто сегодня не собирался лечить зубы, писать сочинение и рисовать палочки.

Я весь день напоминала, сердилась, настаивала и, наконец, устав от ответственности, прилегла на диван в гостиной и оттуда, с дивана, опять напоминала, сердилась и настаивала.

— Ты не хочешь пойти погулять? — простодушно спросил меня Котик, присаживаясь к телевизору. Вместо палочек!

— Да-да, погуляй. И не торопись, — сладким голосом добавил Дима, — проветрись как следует...

...Когда я немного проветрилась, у меня возникло несколько вопросов.

Почему именно я должна отвечать за все?

Но ведь ничего особенного я не требую, только чтобы они, Дима, Киса и Котик, очень быстро делали все так, как я хочу. Чтобы я не тратила время на объяснения. Понятно же, что я лучше знаю, КАК все должно быть. Забочусь о них, делаю шоколадное фондю.

Неужели я из самых лучших побуждений становлюсь задавленным ответственностью невротиком?..

Понедельник

Пустяки, дело житейское

Дима уже был в дверях, когда я вылетела в прихожую и крикнула:

— Ты меня любишь?

— Да-да, конечно, — удивлённо ответил он.

— А что такого странного я спросила, чтобы так удивляться? Просто хотелось бы знать...

— Ну... это же само собой разумеется, зачем спрашивать? — недовольно сказал Дима и ушёл на работу.

Я сидела у окна и думала: когда Карлсон прилетит, я непременно скажу ему: «Как хорошо, что ты у меня есть, дорогой Карлсон!» Потому что мы так редко говорим приятное нашим любимым людям, а ведь им хочется это услышать хотя бы изредка. А мне, например, хочется слышать приятное ВСЕГДА.

———

— Как хорошо, что ты у меня есть, дорогой Карлсон! —сказала я, как только он уселся на подоконник.

— Да. Тебе повезло, — довольно кивнул Карлсон. — Пишешь?

— Пишу. Знаешь, кроме Экстравертов и Интровертов люди еще делятся на...

— На Карлсона и всех остальных... — уверенно сказал Карлсон.

— Это само собой. Так вот, люди делятся на...

— На голову и тело, — с готовностью подхватил Карлсон. — У одних красивей голова, у других тело... Мало у кого голова и тело такие одинаково красивые, как у меня.

— Люди делятся на Экстерналов и Интерналов.

— Опять? — возмутился Карлсон. — Почему они все время на кого-нибудь делятся?

Действительно, почему люди все время на кого-нибудь делятся? Наверное, потому что они разные. Но для нас важно не разложить людей по ящичкам, а понять, как их правильно любить.

Так вот, люди различаются по отношению к своим ошибкам и неудачам и делятся на экстерналов и интерналов.

Интернал — очень достойный человек, он сам контролирует свою жизнь и расценивает свои удачи и неудачи как результат собственных усилий. Если с ним происходит какая-то неприятность, он в первую очередь думает, не КТО виноват, а что ЛИЧНО ОН может сделать.

Такой человек не скажет «меня бросили». Он скажет «мы расстались». Или «мы не подходим друг другу». Ему не свойственно обвинять другого в неудачной любви и настаивать на ЧУЖИХ ошибках.

Но Интернал, человек с обостренным чувством ответственности, часто не рассчитывает свои силы. И страстное стремление отвечать за все ведет достойного Интернала к недостойной цели. К неврозу — вот куда ведет его Ответственность.

У женщин чаще встречается гипертрофированная Ответственность за семью, а у мужчин — за работу. И в этом смысле в нашей семье все по правилам. У меня гипертрофированная ответственность за фондю и Эрмитаж, а у Димы — за ЯМР с сосудистой программой.

Излишняя Ответственность ведет сначала к нервозности. Нервозность — это плата нашего организма за то, что мы милые люди с чувством ответственности. Но как же нам не нервничать, когда:

а) все на нас,

б) именно мы можем сделать все как надо,

в) только мы можем вообще хоть что-нибудь сделать.

Мы пока еще приятны любимому человеку и не противны человечеству в целом.

Но ответственность или наше представление о ней растет, да и наш организм немного снашивается, и от нервозности мы переходим к постоянной напряженности. Сначала внезапная вспышка гнева, излитая на окружающих, а затем чувство вины — вот что такое эта постоянная напряженность.

Мы не можем заснуть, вертимся на подушке, и изнутри нас жжет возбужденная мысль: что я сделал не так? Это и без того очень тяжело, а у нас к тому же немного испортились отношения с близкими. Мы ночей не спим, размышляя, как бы сделать их жизнь еще более правильной и безопасной, а они почему-то начинают нас избегать и при этом фальшиво уверяют, что просто не хотят нас беспокоить...

Дальше больше... Следующая ступень — гипервозбудимость. Нам уже трудно контролировать раздражение, мы все чаще проявляем нетерпимость к недостаткам других людей и даже... неловко признаться, но иногда у нас случаются истерики.

И что же? А то, что наши близкие, не скрывая радости, говорят нам: «Поезжай, поезжай, отдохни! И не торопись возвращаться». И это за все наши старания по улучшению их жизни!.. Неужели мы правда стали им неприятны, несмотря на то что с утра до вечера несем за них Ответственность?..

— Давай я сам сделаю... — горячо настаивает Интернал.

Иногда так происходит потому, что он уверен: он лучше знает ВСЕ. Иногда он стремится оградить кого-то от дурного влияния, быстренько заменив чье-то влияние на свое собственное. И кроме этого, ему просто хочется держать руку на пульсе.

Все это, конечно, очень благородно, но немного вредно для него самого. И для того, кому Интернал предлагает постоянное руководство по жизни, тоже вредно — этот кто-то с удовольствием обучается быть беспомощным. Когда Ответственность не на тебе, в этом есть что-то привлекательное...

Критический момент для достойного Интернала — неожиданная подножка судьбы. Он же считает, что контролирует ВСЕ. Поэтому когда обстоятельства выходят из-под его контроля, Интернал чувствует нервную обескураженность: КАК ЖЕ ТАК?!

Например, по не зависящим от него причинам сорвался Большой Проект — у нашего Интернала такое количество проектов, что какой-нибудь из них нет-нет да и сорвется.

— Это твоя вина, — кусается Ответственность, — это ты, ты во всем виноват...

— Да, я... — покорно отвечает Интернал, — а кто же еще...

Интернал может так расстроиться, так распереживаться, что окажется совсем беззащитным перед Ответственностью, и тогда она его...

— Что? — спросил Карлсон. — Она его что?

— Съест.

— Я так не играю!

— Не бойся, с тобой этого не произойдет. Потому что ты в меру ответственный и к своим неудачам относишься легко.

Привидение описывало круги, оно порхало все быстрее и быстрее, все ужасней и ужасней вопила фрекен Бок, и все стремительней, в диком вихре, кружилось привидение.

Но вдруг случилось нечто неожиданное. Изощряясь в сложных фигурах, привидение сделало чересчур маленький круг, и его одежды зацепились за люстру. ...Простыни... спали с Карлсона и повисли на люстре, а вокруг нее летал Карлсон в своих обычных синих штанах, клетчатой рубашке и полосатых носках.

...Карлсон поглядел на свое упитанное тело, увидел свои синие штанишки и понял, какая случилась беда, понял, что он больше не малютка привидение из Вазастана, а просто Карлсон.

Он неуклюже приземлился около Малыша; вид у него был несколько сконфуженный.

— Ну да, — сказал он, — неудача может сорвать даже самые лучшие замыслы. Сейчас мы в этом убедились... Ничего не скажешь, это дело житейское!

Карлсон довольно кивнул:

— Я так и знал, что я в меру. Хотя, конечно, это был очень Большой Проект.

———

Интернала лучше любить по правилам. Иначе наш любимый Интернал может превратиться в замученного Ответственностью невротика. И это будет ПЛОХО.

ПРАВИЛА ЛЮБВИ
К ИНТЕРНАЛУ

1. Когда Интернал потянется за Лишней Ответственностью, ласково дать ему по рукам. Проследить, чтобы он взял на себя НЕ ВСЮ Ответственность, а оставил хотя бы немного Ответственности бесхозной. Или забрать немного Лишней Ответственности себе. Или отдать другим, кто возьмет.

2. Помочь Интерналу побыть иногда Карлсоном, хотя бы чуть-чуть. Вовремя сказать ему: милый, все это пустяки, дело житейское. Это правильное отношение к жизни, иначе можно сойти с ума. То есть он может сойти с ума, а рядом с ним и мы тоже.

3. Напоминать, что жизнь прекрасна сама по себе, а не только как список выполненных обязательств.

— Это уж точно, — подтвердил Карлсон, — жизнь неплоха, особенно в шкафу... Если забраться в шкаф, можно уютно свернуться клубочком на полке и заняться разными приятными делами, например пересчитать свои вишневые косточки.

280

✿

— Лучший в мире мусоропровод!.. Высота падения мусора двадцать метров, — сообщил Карлсон и быстро опрокинул ведро.

Ореховая скорлупа, вишневые косточки, скомканная бумага устремились по лучшему в мире «мусоропроводу»... и угодили прямо на голову элегантному господину...

У Малыша был озабоченный вид.

— Наверно, у него ореховая скорлупа набилась в ботинки, а в волосах застряли вишневые косточки. Это не так уж приятно!

— Пустяки, дело житейское, — успокоил Малыша Карлсон. — Если человеку мешает жить только ореховая скорлупа, попавшая в ботинок, он может считать себя счастливым.

А если в волосах прорастут вишневые косточки, то на голове вырастет вишневое дерево. И тогда можно гулять, рвать вишни, выплевывать косточки и чувствовать себя счастливым. Так считает Карлсон, и я, Катя К.

Каждому понятно, что Интернал — Настоящий Человек, только его нужно очень беречь.

Мне неловко и даже стыдно, что я, Катя К., автор бестселлеров о здоровом питании, не имею такого уж прямого отношения к Достойным Интерналам. Но я сейчас никак не могу прибирать к рукам Лишнюю Ответственность и двигаться прямиком к неврозу, потому что скоро я буду очень занята — мне все-таки придется приступать к «Здоровому питанию для застенчивых». Потому что нельзя больше врать издательству. ...Или можно?..

Я вот что думаю: а что, если снять с себя Ответственность вообще за ВСЕ? Думаю, ее кто-нибудь подберет и возьмет себе — не может же она остаться ничейной. Например, «Здоровое питание для застенчивых» пусть напишет Карлсон.

Среда

Если нам не повезло

Экстернал совсем иначе устроен. Он и не помышляет ни о какой Ответственности. Интернал всегда считает, что он сам виноват, даже если он дисциплинированно переходит на зеленый, а у Экстернала всегда виноват светофор, даже если он стремглав мчится на красный. Первая реакция Экстернала — я не виноват!

Если у Экстернала что-то случилось, он не думает, что ОН может сделать. Потому что считает любую ситуацию фатальной.

— Так сложилось, — пожимает он плечами. — Такая судьба, такой у меня знак Зодиака, так фишка пала...

От него самого мало что зависит или же не зависит ничего. Что поделаешь, если его жизнь контролируется внешними силами! Особенно пристальное внимание внешние силы уделяют тому, чтобы специально ему нагадить.

Экстерналы бывают разные — милые и не очень.

Наш Котик — очень милый Экстернал.

— Двойка... — говорит Котик.

— Почему, почему двойка?!

— Поставили, — пожимает плечами он.

Кто поставил? Высшие силы?!

Милый Экстернал совершенно покорен высшим силам — с ними же не поспоришь.

Как правило, Интернал предпочитает любить другого Интернала. Но Интерналу может понравиться и Экстернал — они бывают очень хорошенькие.

Экстернал тоже больше любит Интерналов. Подсознательно понимает, что с Интерналом ему будет удобней.

Но если так случилось, что один симпатичный Экстернал полюбил нас и мы ответили ему взаимностью, КАК НАМ ЕГО ЛЮБИТЬ?

ПРАВИЛО ЛЮБВИ К ЭКСТЕРНАЛУ ВСЕГО ОДНО

При каком-нибудь событии с положительным исходом навязчиво подчеркивать его личный вклад и преувеличивать его роль.

— Надо же, какая удача! — удивленно говорит Котик. — Ну и повезло же мне!

— Ничего подобного! Это исключительно твоя заслуга! А вот нам повезло, что ты у нас такой молодец!

При событии с отрицательным исходом уверять Экстернала, что без него, такого умного и сильного, все было бы еще хуже. И вообще, на него вся наша надежда.

— Мне опять не повезло, — жалуется Котик.

— Но ты что-нибудь обязательно придумаешь!.. Уже думаешь?.. Молодец!..

Со взрослыми Экстерналами все точно так же, потому что поглаживания и похваливания любят все, не только Котик.

Пятница

Обидчивый день

Сегодня очень важный день для Кисы и Димы. Жаль только, что их важные дни совпали.

У Кисы сегодня спектакль, а к Диме приезжает Фонд, чтобы принять окончательное решение насчет ЯМР с сосудистой программой.

— Я так и знала, — протянула Киса разочарованно, но не склочно. Киса уже взрослая и понимает, кому придется уступить. И сейчас она пригласит меня на спектакль! Раз уж сегодня звездный час и для нее, и для ЯМР с сосудистой программой.

Я очень надеялась, что Киса пригласит меня, но она сказала:

— Вообще-то сегодня прогон, можно только родителям приходить. А на премьеру уже можно всем.

И с намеком посмотрела на меня, чтобы я не вздумала попроситься на прогон...

...Надо же, прогон... Как в настоящем театре. Ладно, я пойду, когда будет можно всем.

Киса убежала, а Дима еще немного повздыхал по дому и тоже собрался уходить.

— Катя, ты сегодня всю ночь сопела! — обернулся он от двери. — Я из-за тебя не спал... Ты вообще в последнее время сопишь, как барсук.

И ушел на работу. А я осталась, совершенно ошеломленная и обиженная.

Если честно, я даже заплакала. Неужели я... сопела?.. Как барсук? В это невозможно поверить!

...Как он мог так меня обидеть...

Хотя я не очень обидчивая, не такая обидчивая, как Киса, но все же довольно часто обижаюсь. Хотя и знаю, что специально для нас с Кисой существуют способы, как НЕ обижаться.

СПОСОБ ПЕРВЫЙ, НАУЧНЫЙ

Нам с Кисой и вообще всем людям свойственно одно заблуждение. Если МЫ с КИСОЙ что-то делаем, обижаем кого-то, то считаем, что дело не в нас, просто такая уж у нас сложилась ситуация. А если КТО-ТО обижает нас, то мы думаем совершенно иначе. Мы думаем, что

КТО-ТО обижает нас, потому что КТО-ТО — неприятная личность.

К примеру, недавно Киса страшно обиделась на двух своих подружек, которые не позвали ее в кино. Потому что они гадкие и нарочно ее не позвали. А между прочим, сама Киса вчера тоже ходила в кино с одной из них.

А другую почему не позвали? Специально хотели ее обидеть?

— Нет, — удивилась Киса. — Мы просто внезапно собрались и пошли, а телефона рядом не было.

Вот так: у нас с Кисой всегда ситуация виновата, а у других нет никакой ситуации, просто они гадкие девчонки.

Если я наступила Кисе на ногу, я думаю: это потому, что тесно и вообще. Случайно. А если Киса наступила мне на ногу, я думаю: фу, какая Киса неуклюжая...

Когда мы с Кисой поймем, что У НАС НЕПРАВИЛЬНЫЙ ПОДХОД, множество наших обид улетучится. Мы больше не будем думать, что КТО-ТО очень неприятный, а будем спокойно думать, что у него тоже БЫЛА СВОЯ СИТУАЦИЯ.

СПОСОБ ВТОРОЙ, ЛОГИЧЕСКИЙ

Обида — это ведь такая резкая мгновенная боль, словно нас поцарапали острыми когтями. Обижаясь, мы чаще реагируем не на смысл того, что нам сказали, а на форму — пренебрежительную интонацию, ироничный оттенок фразы или обидное ключевое слово.

Как Карлсон, который вдруг узнал, что его называют таинственным предметом. Тому, кто поймает «предмет», обещана награда в десять тысяч крон. Карлсон злился и обижался, и это естественно — мне тоже не нравится, когда меня называют барсуком.

Карлсон злился все больше и больше.

— «Кому посчастливится поймать этот таинственный предмет...» — с горечью повторил он снова слова заметки. — «Предмет»! — выкрикнул он, окончательно выходя из себя. — Кто-то смеет обзывать меня предметом!

Карлсон сел на скамеечку. Вид у него был мрачный и невыразимо печальный.

— Я так не играю, — сказал он. — Я так не играю, раз ты такой злой и называешь меня предметом...

В кухне воцарилась тягостная тишина.

И вдруг Карлсон громко расхохотался. Он вскочил со скамеечки и добродушно ткнул Малыша кулачком в живот.

— Уж если я предмет, то, во всяком случае, самый лучший в мире предмет, который стоит десять тысяч крон! Понял? Да?

— Думаю, мало кто стоит так дорого.

— Никто в мире, — твердо заявил Карлсон. — Спорим, что такой вот глупый мальчишка, как ты, стоит не больше ста двадцати пяти крон.

От избытка чувств он нажал стартовую кнопку на животе, взмыл к потолку и с радостными воплями сделал несколько кругов вокруг лампы.

— Гей-гоп! — кричал он. — Вот летит Карлсон, который стоит десять тысяч крон! Гей-гоп!

Часто бывает так: человек не обязательно хотел нас обидеть. Ну, или, во всяком случае, мы не уверены, что он ХОТЕЛ, а нам почему-то обидно, — царапнуло. Чтобы не обижаться, нужно попытаться от царапины перейти к СУТИ обиды.

Тогда получается такой диалог:

— Ты предмет.

— Да, я предмет. Но дорогой предмет, самый лучший предмет на свете.

Или:

— Ты мне посторонний человек, а не родитель, поэтому не приходи ко мне на прогон спектакля.

— А когда можно будет прийти всем, не родителям?

Или:

— Вам не идет эта прическа.

— Вы так считаете? Возможно, у нас с вами разные вкусы. Кстати, именно этот стиль сейчас очень моден.

Есть два способа перехода к СУТИ обиды. Можно все это сказать вслух — человеку, который нас обидел. А можно потом подумать и сказать все это самому себе. Но главное, что уже будет не так обидно или совсем не обидно.

Кстати, почему меня так задели Димины слова? Я знаю. Потому что сопеть — совсем не женственно.

А что, если попробовать перейти к сути моей обиды на Диму?

— Ты сегодня сопела.

— Да. Это потому что у меня насморк. Прости, что мешала тебе спать.

Что получается? Да, я сопела. В самом факте насморка нет ничего обидного. Насморк может быть у каждого человека. А у меня насморк, потому что я — тонкое нежное существо, которое простужается от легкого дуновения ветерка. Тонкое нежное существо простудилось у открытого окна, когда разговаривало с Карлсоном. Получается, что сопеть, наоборот, очень женственно и Дима сделал мне комплимент.

СПОСОБ ТРЕТИЙ, ИНТЕРЕСНЫЙ

Как было бы хорошо, если бы мы с Кисой были абсолютно уверенными в себе личностями с высокой самооценкой! Тогда нас вообще нельзя было бы обидеть. Как дядю Юлиуса, которого в реалистической манере нарисовал Малыш: в очках и со вставной челюстью.

Малыш даже подписал портрет дяди Юлиуса — «Болван». А дядя Юлиус увидел себя, изображенного на рисунке в очках и со вставной челюстью, и сказал Малышу:

— Плохо ты нарисовал лошадь.

Если бы дядя Юлиус втайне подозревал, что похож на лошадь, он бы точно обиделся. А он совсем не обиделся, потому что абсолютно не мыслил себя в лошадином контексте.

Если мы обижаемся на что-то, значит, именно это что-то у нас очень болит. И тогда наша обида — хороший повод, чтобы разобраться в себе.

Ну, а если у нас нет склонности к самоанализу, а, напротив, есть склонность поскандалить, тогда, конечно, другое дело — можно обижаться самому или обидеть в ответ.

СПОСОБ ЧЕТВЕРТЫЙ, СТАРЫЙ

Старый способ — это выразить свои чувства. Проговаривая обиду, мы перекидываем ответственность с себя на партнера.

Не то чтобы я такая злопамятная, но сегодня я так обижена, что другие примеры не приходят мне в голову.

— Ты сегодня сопела.

— Мне так неприятно это слышать... Так больно думать, что я как барсук... — могла бы сказать я. И пусть бы Дима мучился.

Может быть, я так и скажу вечером... Посмотрим, что он ответит!..

Я сидела и обдумывала свою обиду и вдруг собралась на спектакль к Кисе. Не потому что я родитель, а чтобы посмотреть и потом рассказать Диме.

Школа совсем рядом, нужно только перейти Невский, но я решила поехать на машине, вдруг у Кисы будет много цветов.

Школа совсем рядом, но нужно переехать Невский...

В общем, пока Киса играла главную роль, я сидела в машине в пробке и тупо смотрела в окно, без книжки, без питания, с разряженным телефоном. А спустя полтора часа пробка закончилась, и мне вдруг стало так грустно, злобно и обидно, что я повернула назад — все равно я барсук и все равно Киса меня не ждет, все равно я соплю и никому не нужна...

Когда я вернулась с большим пакетом, Киса уже была дома.

— Что это у тебя? — спросила она.

— Подарок тебе и мне тоже.

Киса бросилась к пакету:

— Покажи-покажи-покажи! Открывай скорей! Ах, какая прелесть!

Я купила Кисе чудный красный шарф, а себе чудный зеленый.

Киса схватила красный шарф и вдруг заплакала.

Плачет... не притворяется!..

293

— Ну что, что?.. Хочешь, зеленый тебе, а красный мне? — спросила я. — А хочешь, зеленый тебе и красный тебе?..

Киса все-таки сказала мне, почему она плачет: она больше хочет зеленый шарф, но ее устраивает и красный. Но не устраивает, что я без уважительной причины не пришла на ее спектакль...

— Но ты же сама сказала — только родители! И ТАК посмотрела...

— Я не ТАК посмотрела, а по-другому...

Неужели Киса хотела, чтобы я пришла к ней на спектакль как РОДИТЕЛЬ? Почему она не сказала?..

А я почему не спросила?.. Мы с Кисой всегда думаем, что это МЫ стесняемся и боимся, а ДРУГИЕ нет. А может быть, пока мы стесняемся и боимся, ДРУГИЕ тоже стесняются и боятся НАС?..

Я представила, как Киса выглядывала меня в зале, и никто к ней не пришел, а я в это время сидела в пробке с разряженным телефоном, без книги и без питания... И заплакала.

— Ты из-за меня плачешь? — передернула плечами Киса. — Да я и не расстроилась вовсе... Подумаешь...

— Да, из-за тебя, — честно ответила я, — и еще из-за себя. — И я рассказала Кисе, что я сегодня сопела, как барсук.

— Ну и что? — удивилась Киса.

— Как что?! Разве я барсук? Барсук — неприятное животное.

— Нет, нет, — вдруг бросилась ко мне Киса и тоже заплакала, — я не потому плачу, что ты не пришла на спектакль, а потому, что ты не барсук...

— А кто же? — глупо спросила я.

— Ты очень приятное животное, — сказала Киса, и мы засмеялись.

Киса не сказала мне, как в кино, потупившись: «А можно я буду называть тебя мама...» Да и какая я мама — она же выше меня в два раза. И в четыре раза худее... К тому же я не могла родить ее в детстве.

Киса сказала мне:

— Возьми зеленый шарф.

В Кисиных глазах светились участие и понимание, и жалость... И мне очень захотелось воспользоваться этой хорошей минутой и спросить Кису — почему она разрешила нам с Димой пожениться, а потом вдруг возненавидела меня? Что же это все-таки было?..

Но я не стала спрашивать ее — зачем?..

Причин может быть много... Может, я ее чем-то обидела, может, Киса решила, что никому не нужна в этой семье, кроме Котика, может, у нее тогда просто все гормоны разом взорвались, и она сама не знает. А может быть, Киса просто хотела привлечь к себе мое внимание, как будто взорвала паровую машину, чтобы я все время думала только о ней... Зачем спрашивать?

Главное, она меня простила. За что?

Это неважно, за что. Потому что если на нас кто-то обиделся, неважно, что мы не имели в виду ничего плохого. Человеку же все равно больно, несмотря на наши лучшие намерения.

Думаю, Киса тогда вдруг решила обидеться, что я вышла замуж за ее папу. Ну разрешила сначала, а потом обиделась, — просто не сообразила, что я всегда буду мелькать у нее перед глазами.

Кстати, чтобы люди смогли полюбить друг друга, им нужно чаще встречаться. Это научный факт. Мы с Кисой постоянно встречались, вот мне и пришлось полюбить ее.

— Эй, барсучок, я принес тебе ингалятор, — с этими словами Дима вошел в дом.

Хм... барсучок звучит лучше, чем барсук...

— Завтра ты пойдешь к лору. Тебе выпишут много лекарств, — мечтательно сказал Дима, — я договорился...

Хорошо, я согласна, — некоторые обиды мы сами себе придумываем.

— А пока я тебе дам молоко с луком.

Сначала Дима мелко резал лук, потом толок его в специальной посуде, затем кипятил лук в молоке и два раза процеживал через марлечку. Все это продолжалось с 11. 30 до 12.15 ночи. Ну, и кому в этом доме нужен врач?..

А вообще-то это правильно — выходить замуж по расчету: хорошо иметь в доме врача. И еще человека, который уступит тебе зеленый шарф.

Чтобы люди смогли полюбить друг друга,
им нужно чаще встречаться...

Суббота

Все хорошо

Жужжит-жужжит! Прилетел-прилетел!

Сегодня призналась Карлсону, что он пока еще не написал свою книгу «Здоровое питание по Карлсону, который живет на крыше». Чтобы утешить его, сказала, что и я свое «Здоровое питание для застенчивых» не написала...

— Не расстраивайся. Можешь меня потрогать, — предложил Карлсон и протянул мне пухленькую ручку. — Зато ты прикоснулась к прекрасному. Ко мне, такому красивому, упитанному, в расцвете сил.

Послесловие

Вот и закончилась книга для Кисы и для меня. Можно было бы продолжать писать и подсовывать листочки Кисе под дверь, но теперь мы и так можем все обсудить. Мы с Кисой подруги, я красивая и упитанная, а Киса просто красивая, и обе мы в расцвете сил.

К тому же мне пришлось писать «Здоровое питание для застенчивых». Издательство применило ко мне технику повышения значимости партнера: уверило меня, будто бы застенчивые люди вообще не могут без меня полноценно питаться.

...Карлсон больше не прилетает... Правда, время от времени мне кажется, что я слышу жужжание в детской. И эта подозрительная беготня с подносами...

...А однажды в комнате у Котика что-то взорвалось.

— Что? Что это было?! — с надеждой спросила я.

— Мы играли, — объяснил Котик. — Он обещал вернуться.

Я никогда не спрашиваю, прилетал ли Карлсон, только изредка, всего несколько раз в день, подхожу к окну. Но это же мое личное дело, где стоять, чтобы посмотреть на небо, на звезды...

ЕЛЕНА КОЛИНА

ЛИЧНОЕ ДЕЛО КАТИ К.

Ответственный редактор *Наталья Хаметшина*
Художественный редактор *Юлия Прописнова*
Технический редактор *Любовь Никитина*
Корректор *Елена Васильева*
Верстка *Максима Залиева*

Подписано в печать 28.12.2006.
Формат издания 60×84 $^1/_{16}$. Печать офсетная.
Усл. печ. л. 17,67. Тираж 5000 экз.
Изд. № 70015. Заказ № 3652

Издательство «Амфора».
Торгово-издательский дом «Амфора».
197110, Санкт-Петербург,
наб. Адмирала Лазарева, д. 20, литера А.
E-mail: info@amphora.ru

Отпечатано по технологии CtP
в ОАО «Печатный двор» им. А. М. Горького.
197110, Санкт-Петербург, Чкаловский пр., 15.

издательство
амфора

Алексей Петюков

Буратино
ДОБИВАЕТСЯ УСПЕХА

Вы уже учились на чужих ошибках?
Вы уже учились на своих ошибках?
Пора учиться на своих успехах!

Алексей Петюков окончил Первый медицинский институт имени Павлова, клиническую ординатуру в НИИ онкологии имени Петрова.

С 1995 года работает в области интерактивных форм обучения: проводит тренинги личностного роста, коммуникативные тренинги, бизнес-тренинги в России и за рубежом.

Доцент кафедры клинико-физиологических основ специального образования Института специальной педагогики и психологии.

Хобби: классическая музыка и музыкальный театр, парашютный спорт (302 прыжка с парашютом), домашние животные (собачник), приготовление и поедание вкусной пищи, путешествия. Лентяй и романтик; громко смеется и любит жизнь.

ИЗДАТЕЛЬСТВО
амфора

ТАТЬЯНА КОНДРАТЬЕВА, ВЛАДИМИР САЛАМАТОВ

ИМИДЖ
КАК ТОЧНАЯ НАУКА

У вас есть время? У нас его не бывает никогда. Наши потенциальные партнеры, клиенты, начальники, друзья, любовники, покупатели, подчиненные — очень занятые люди. У нас всего три минуты, чтобы произвести впечатление. Ничего не поделаешь, мы живем в мире рекламных клипов. Три минуты — запоминающаяся фраза, привлекательная картинка, нужное цветовое решение…

Имидж говорит за нас громче, чем мы сами, и не всегда то, что нам хотелось бы. Так не пора ли взять дело в свои руки? Ведь главная цель создания успешного имиджа — стать таким, каким хочешь казаться.

По вопросам поставок обращайтесь:

ЗАО Торговый дом «Амфора»

123060, Москва,
ул. Берзарина, д. 36, строение 2
(рядом со ст. метро «Октябрьское поле»)
Тел./факс: (495) 192-83-81, 192-86-84,
944-96-76, 946-95-00
E-mail: amphoratd@bk.ru

ЗАО Торговый дом «Амфора»

198096, Санкт-Петербург, Кронштадтская ул., д. 11
Тел./факс: (812) 335-34-72, 783-50-13
E-mail: amphora_torg@ptmail.ru